课外
语文
应用系列

王毅
主编

现代诗歌
在作文中的应用

赵国惠◎著

辽宁人民出版社

图书在版编目（CIP）数据

现代诗歌在作文中的应用 / 赵国惠著. —沈阳：辽宁人民出版社，2018.9

（课外语文应用系列 / 王毅主编）

ISBN 978-7-205-09363-1

Ⅰ. ①现… Ⅱ. ①赵… Ⅲ. ①作文课—中学—教学参考资料 Ⅳ. ①G634.343

中国版本图书馆CIP数据核字（2018）第173991号

出版发行：辽宁人民出版社
地址：沈阳市和平区十一纬路25号　邮编：110003
电话：024-23284321（邮　购）　024-23284324（发行部）
传真：024-23284191（发行部）　024-23284304（办公室）
http://www.lnpph.com.cn

印　　刷：沈阳元亨印务有限公司
幅面尺寸：145mm×210mm
印　　张：10.25
字　　数：214千字
出版时间：2018年9月第1版
印刷时间：2018年9月第1次印刷
责任编辑：张　放　娄　瓴　高　丹
装帧设计：丁末末
责任校对：冯　莹　等
书　　号：ISBN 978-7-205-09363-1
定　　价：28.00元

再版说明

近几年，中小学语文教学改革呼声很高，2017年9月起，中小学语文教材发生了重大变化。新教材加大了传统文化内容，目标是培养学生阅读兴趣，力求提升学生语文素养。

辽宁人民出版社于2002年出版的"课外语文应用系列"丛书可以说预测了这种变化，早于十几年前就开始关注学生阅读兴趣与语文素养的培养。丛书出版16年来颇受小读者喜爱。为更符合新语文教材的培养目标，针对中学语文作文这一难点，丛书作者对书的内容作了修订，以使得这套以"语文的功夫在课外"为出版理念的中学生写作应用丛书更符合未来发展的需要。现择其中的10个品种推出。

本套丛书共10本，重点在"课外"和"应用"。其中的《宋词在作文中的应用》《古诗在作文中的应用》《唐诗在作文中的应用》《文言文在作文中的应用》等国学经典应用品种将赏析寓于应用，助小读者爱上国学、应用国学；《精彩人物描写在作文中的借鉴》《精彩景物描写在作文中的借鉴》《精彩心理描写在作文中的借鉴》《精彩议论在作文中的借鉴》《现代诗歌在作文中的应用》《名人名言在作文中的应用》等写作方法借鉴品种则是通过对名家名著的精彩文章片断的引用和点评来提升中学生的审美品位，进而形成写作直觉。

对于中学生作文来说，如何想，如何写，如何生动，如何感人——如丛书主编王毅教授所言：这一切在根本上是一个长期修炼的事情。所以，有心的小读者可将这套书当作阅读索引，循着这条线索，去发现一片阅读的森林，通过阅读，提升自己的写作水平。

时光荏苒，匆匆16年。当年的总策划赵炬先生和责任编辑之一王瑛玮女士已退休，但我们初心不变，愿以微薄之力助小读者们笔下生花！

再版序

转眼之间，这套丛书初版竟是16年前，如今有了再版的社会需要，令人感慨而高兴。

当年，组织这套书的撰写，我们就有一个基本的想法：从根本上讲，作文是一个人综合素质和能力的体现，从容而又自信地写出一篇自己满意、别人欣赏的好文章，这是积累、发展、逐渐成熟的水到渠成、瓜熟蒂落。然而，在这个自然过程中，能否有意识地增加一些助力？能否较具操作性、指导性和实用性地去滋养和提高中学生的作文素养？

2017年新版的国家语文课程标准强调语文学科的"核心素养"，它作为"学生在积极的语言实践活动中积累与构建起来，并在真实的语言运用情境中表现出来的语言能力及其品质，是学生在语文学习中获得的语言知识与语言能力，思维方法与思维品质，情感、态度与价值观的综合体现"，包括"语言建构与运用""思维发展与提升"等几个方面。

对照之下，"选择从思路、角度、技巧、语言、风格等方面对中学生作文有较大启发空间的材料，密切结合中学生作文所需要的精神、思考、气质、语言、表达技巧等基本因素，从这个角度把所选的文化遗产中的营养和启发说出来，把写作所需要的思维和灵性说出来"，"分析和阐释这些文化珍品形成的思路、表达的技巧、风格的突出、语言的质量，分析那些作家、思想家从什么角度来理解人生、评说人生，如何独特地、富有感染力地表达自己这种理解和评说的，中学生在自己的作文中可以怎样借鉴应用，起到素质培养和具体启发兼有的作用"，本套丛书的宗旨倒是与此吻合。

语文的重要性、体现语文素养的作文之重要性，今天终于得到了它应该得到的重视。2012年至2014年，在各省区统一采用全国试卷之前，我曾连续三年担任辽宁省高考语文命题组组长，推敲拟定作文题目时，如何激活与考查考生的读书积累、思维素质和语言表达，是反复斟酌、思考再三、最费脑筋的。现在，不仅仅是各类考试中"得作文者得天下"，而且在信息海量涌现、自媒体蜂起、人们用语言文字进行表达和交流空前活跃的这个时代，必然是质高者胜出，平庸者湮没。

"语言建构与运用""思维发展与提升""审美鉴赏与创造""文化传承与理解"，希望这套丛书能对中学生的"语文核心素养"起到一点作用。

王　毅

2018年5月于南国

写在前面的话

　　中学生的作文，老师非常强调，社会非常重视，其重要性鲜明地体现在中考、高考等各种考试之中。想一想，这当然是有道理的。从小学到高中，学了十几年的语文，无论是学生自己还是社会的期待，一般都不会要求你去孤立地分析、讲解字、词，或者是做语法分析，要的是你整体性的、综合性的使用语言文字的能力，这除了口头表达以外，在课堂上、在考场上、在实际生活中，很多时候就是看你的文章写作了。而文章写作对于中学生来讲，似乎又呈现着两种截然相反的状态。

　　对于为数不多的一些中学生来说，作文并不是难受的事情，尤其是那种自己想写的"课外作文"，它是快乐，是享受，是一种自我实现、自我满足和自我升华。这大约就是真正意义上的作文了，与文学家们的文学创作相比，在本质意义上已经开始相通了。用纸和笔，把自己想说的话说出来，甚至是把自己脑海里、心灵中此刻并不那么清晰定型的感受和思绪整理出来，固定下来，越是去整理它、固定它，就越发现自己的感受竟是如此丰富、细腻、微妙，自己的思绪是如此复杂，起伏变化，直通向一个令自己也吃惊的深处！诚如作家冯骥才所言，这在本质上真是一种生命转换的过程，即把最深刻的生命——心灵，有姿有态、活生生地呈现出来。这过程是宣泄，是倾诉，是絮语，是呼喊，又是多么快意的创造！对于一些现在已经在写长篇小说、在出诗集的中学生来说，他们已经进入这种境界了。

然而，对于更多的中学生来说，作文却是苦差事，是不得不做，所以只好敷衍了事的事情。其实，很多时候，语文老师在布置作文题时，为了让同学们有话可说，不至于太搜肠刮肚，给的已经是相当宽泛灵活的题目了，如"记一件有意义的事""写一个熟悉的人""自己去过的一个好玩的地方""一本书的读后感"等。可是，有多少同学，面对这样的题目，仍然觉得脑中空空，束手无策，无话可说，或者是无从说起，仍然是件皱着眉头、烦得不得了的苦事。

关于作文，中国古人讲过的最经典的话，恐怕就是"有大法无定法""运用之妙，存乎一心"了。这话等于没说，但又是句大实话，一切总结出来的作文套路在根本上都是不解决具体问题的。这就正像所有兵书上的战法不能够保证一位将军去打胜仗，纸上谈兵的话，还要吃大败仗；也如同现在那些著名股评家建议的操作要诀，决不能保证每一位股民照此办理就笃定赢钱。仔细想一想，人生中的方方面面，恐怕没有什么是可以依赖"定法"的。前几天，中央电视台报道，说有人搞出了快速生成一篇文章的作文电脑软件，只要你输入自己要写的题材、主题、文体或者是别的什么要素，这个软件就可以飞快地从它的语料库中合成出一篇文章来。电脑当然是很了不起的东西，它依据人所提供的逻辑，靠着它自身快得惊人的资料整理和排列速度，的确可以在几百万、几千万甚至几亿、几十亿的文字中快速地找出与你这篇文章要求相关的材料来，这些材料，如果靠你自己去读、去找、去记的话，可能需要一个月，或者是一年；它还可以按照人所安排的某一角度的理性逻辑，把这些材料整合为有头、有尾、有中间的一篇文章。不过，这到底是由人的心灵涌出，情感发酵而成的文章呢，还是同一个题目千篇一律的资料汇编和整理呢？作文，在观察生活、积累素材、发展思想、沉淀情感的基础上，在具体写作时，说到底是一个"想"和"说"的质量问题：如何想得清楚、想得透彻、想得独到、想得灵动，想到栩栩如生、诚挚感人的程度；如何能够把所想到的这一切说得明白、生动、到位，甚至在"说"的过程中补充和发展了"想"。这一切在根本上是一个长期修炼的事情。

然而，"有大法无定法""运用之妙，存乎一心"，并不意味着我们作文水平的提高就完全只能是一个自然过程。中外文学史上、思想史上那些已有定评的优秀文化资源，它们的存在，对它们的熟悉和领悟，进行必要的分析阐释，无疑会对中学生作文过程的"想"与"说"起到激活和引导的作用，辽宁人民出版社组织编写的这套丛书，用意就在这里。唐诗、宋词、古典诗歌、现代诗歌、古典格言、优秀文章中的议论说理、感情抒发，以及优秀文学作品中的景物描写、人物描写、心理描写，一共10种，构成了这套丛书的材料篇，除此而外，还有关于作文构思和技法的两种书，构成了这套丛书独具特色的构思篇和技法篇，使这套作文系列具有极强的知识系统性、实用性和指导性，这里需要强调的是：

本套丛书并不是一般性地谈论这些文化资源本身的内容和意义——尽管这一层也很重要，而是充分考虑中学生作文水平的切实提高，更注重分析和阐释这些文化珍品形成的思路、表达的技巧、风格的突出、语言的质量，同老师一道分析那些作家、思想家是从什么角度来理解人生、评说人生，是如何独特地、富有感染力地表达自己这种理解和评说的，中学生在自己的作文中可以怎样借鉴应用。这对中学生作文将起到素质培养和具体启发两个方面的作用。选择从思路、角度、技巧、语言、风格等方面对中学生作文有较大启发空间的材料，密切结合中学生作文所需要的精神、思考、气质、语言、表达技巧等基本因素，从这个角度把所选的文化遗产中的营养和启发说出来，把写作所需要的思维和灵性说出来。这就是本套丛书想要达到的目的。再换句话来说，它不重在那些大师（或者名作）想了些什么或者是说了些什么，而重在他们（它们）是怎样去想、如何来说的，我们希望这会对中学生的作文有更为切实的帮助。

想法听起来似乎还可以，但实际效果如何呢？在作文水平的提高上做一些操作性、步骤性的事情，这常常费力不讨好，而且很冒险，往往为那些妙笔生花的文章高手和文学家所笑。但我们考虑得更多的是中学生。我们期待着来自中学生和中学语文老师，还有专家的中肯批评。

目录
MULU

信念与理想

表现手法

景物的描绘

催人奋进的歌

人生哲理的探究

生存价值的思考

结构的艺术

真挚情感的抒发

特殊角度的选取

作文写作原则

奇特的想象

信念与理想

含着微笑，看着海洋

> 它的脸上和身上
>
> 像刀砍过的一样
>
> 但它依然站在那里
>
> 含着微笑，看着海洋……
>
> **艾青《礁石》**

这句诗已被很多人作为生活的座右铭，激励着人们在任何艰难困苦中都应该有"礁石"一样的风骨，在任何风吹浪打，哪怕是灭顶之灾中，都应该有大海底下的礁石一样的风采——那就是依然屹立在海洋里，以巍然不动的英姿，"含着微笑，看着海洋"。

《礁石》写于1954年，是艾青在新中国成立后诗歌创作中的力作，全诗如下：

> 一个浪，一个浪
>
> 无休止地扑过来
>
> 每一个浪都在它脚下
>
> 被打成碎沫、散开……
>
> 它的脸上和身上
>
> 像刀砍过的一样

但它依然站在那里

含着微笑，看着海洋……

这首小诗，尽管只有八句，但作者以其深沉而富有哲理性的诗句，诉说着他的人生信念，以及他对生活充满爱的深情。诗人先写海浪奔腾不息的气势和似乎要吞灭一切的力量，而它却在岩石的脚下被打成碎沫，散开了。至此，诗人将"礁石"不畏巨浪的个性，很自然地展现在读者面前，并且"礁石"流露出一种从容不迫的大气。在诗人眼里"礁石"坚韧不屈的个性，是美的化身、美的象征。最后一节中，诗人大声地歌颂着"礁石"的伟大而崇高的情怀，将情感推到了淋漓尽致的程度，那就是尽管"它的脸上和身上像刀砍过一样"，"但它依然站在那里含着微笑，看着海洋……"

"含着微笑，看着海洋"这句诗，其寓意深刻，蕴含着乐观的人生态度。它不仅成为艾青生活中的座右铭，也成了热爱生活的人们的座右铭。这种乐观的人生态度是生命历经磨难的结晶。乐观和乐观背后的大气越是穿越人生的种种险阻，越会成熟，也就越加令人敬佩和赞叹。

通过这句诗，我们可以挖掘出以下主题：

乐观向上，笑对人生的精神；

身处逆境，永不言败的毅力；

沉着应战，从容不迫的大气；

克服千辛万苦，为达到最高的人生理想而不懈奋斗的实干精神……

当我们掌握了这首小诗的意蕴，就可以把它引用到相关主题的作文中去为主题服务。如2017年山东潍坊中考作文命题是关于"顺风与逆风"的材料作文,我们就可以开篇引用"含着微笑,看着海洋",一语即阐明观点,即无论处于人生的顺境还是逆境,都保持乐观态度和平常心,沉着而进取。这种开头不仅有开门见山阐明观点的作用,也会引起评卷者的第一眼好感与新鲜感。

成功的花

成功的花,
人们只惊慕她现时的明艳!
然而当初她的芽儿,
浸透了奋斗的泪泉,
洒遍了牺牲的血雨。

冰心《繁星·五十五》

冰心的这首短诗,简单明了,朗朗上口,却一语点破了成功背后的艰辛。全诗用比喻贯穿,开头将"成功"喻为"花",于是,成功之前便可看作是花的"芽儿",相应地,诗人把"奋斗"和"泪"比作"泉","牺牲"和"血"比作"雨"。花在开放的过程中需要水分的滋润,因而,人的成功也需要"奋斗与牺牲",通过比喻更形象地说明了奋斗与牺牲对于成功的必要性。小诗既蕴含着花开放所经历的艰辛,同时也暗指人的成功也需要巨大的付出。

成功需要巨大的付出。道理简单，却常常流于死板生硬的说教，而诗人却以清新的笔调娓娓道来，不是说教，却蕴含着真理。我们可以就此联想起无数成功的例子：女排创造了史上"五连冠"的奇迹，谁又知道，她们流下多少汗水，身上留下多少伤痕？"发明大王"爱迪生一生竟有1000多项发明，这都不是偶然的发现，就拿发明电灯来说，先后试了1600多种材料才找到一种合适的灯丝材料，他每天工作20个小时，有时甚至连续工作36个小时，这样花费了两年的时间才成功。中国有诗说"宝剑锋从磨砺出，梅花香自苦寒来"也正是说明了这个道理。记住冰心的这首诗，在我们的写作过程中就又多了一个论据。这首小诗也可以成为我们生活中的座右铭，师长委婉的暗示，父母温柔的提醒，我们往往不喜欢那赤裸裸的大道理说教，这首小诗就如涓涓细流，温暖一颗向往成功又不思进取或稍有懒散的心灵，无论这颗心灵是自己的，还是朋友的，都用这首小诗轻轻叩响吧。

我和一株顶高的树并排立着

霜风呼呼的吹着，
月光明明的照着。
我和一株顶高的树并排立着，
却没有靠着。

沈尹默《月夜》

冬天的夜晚，北风呼啸，霜气浓重，月光清冷，寒气袭人，旁边的一株树高高挺立，在这肃杀的冬夜，一个人孤独地立着，拒绝依靠身边的大树。整首诗流露出一种自我独立的坚强性格与奋斗精神。这首诗写于1917年，中国正处在半殖民地半封建社会中，面对如此的社会和个人处境，诗人用与树"并排立着"而不是"靠着"来表明自己的志向，表现了一代新人个性的复苏与自主精神的成长。

一个时代可以因时间的流逝成为历史，一种精神却常常能够超越时间散发出不朽的光辉，诗中所表现的这种精神正是如此。这是一种追求人格独立的精神。一个人必须要学会独立，没有永远的孩子。没有自立意识，没有自立能力，随波逐流或任其漂泊，最终会被生活的惊涛骇浪所吞没。一个国家也要自立，否则，便会丧失尊严与主权，成为他国的附庸。自立通向强者，连接着幸福，是把握自己命运的一种特权，是彰显自己生命光辉的支架。将这首诗引用于作文中可以理解为一种自由的宣言，也可以理解为一种人性独立的呼唤，甚至是一种人生际遇的总结。初中生开始向往自立，想象着摆脱一切束缚的自由生活，"我的青春我做主"成为内心的呐喊和公然的信仰。正是这种对自我的发现与承认，以及由此渴望的自信，才是自我探索世界的有效手段。这种看似叛逆的青春期行为，现在已经得到了社会的承认和家长的理解，青春的张扬具有无比的神圣性。近几年的中考命题更加关注学生的生活，学生所思所想所面对的人生问题也成为中考命题与平时训练的重要方向。如2017年山东聊城中考作文题目为《这就是青春》。青春是什么？与其开篇嚣张地高喊"青春就是自由"，倒不如一句"我和一株顶高的树并排立着，却没有靠着"来得舒爽！当然，这诗也可作为人际交往的准则和策略——我是你的朋友，但我们相互独立，我不依附你。你是我的偶像，我愿意与你亲近，可是我不会为了亲近而攀缘附会，失去自我。

本诗在写法上利用了简练的白描手法，充分显示了在寒风中卓然独立的形象，传神写意，颇有神韵，这是该诗的妙笔，也是独特的地方，在我们的作文中也应该借鉴这种写法。如写沙漠中的一棵大树，就可以用白描的手法，写它的非常简单的形象，不做任何渲染，一句"在沙漠中独自的站立守卫着绿色，保护着沙漠"就足以突出树的坚韧、树的旺盛生命力。

一朵野花

一朵野花，
在荒原里开了又落了，
不想到这小生命，
向着太阳发笑。

陈梦家《一朵野花》

最近一则名为《苔》的小诗火了起来。

白日不到处，
青春恰自来。

苔花如米小，

也学牡丹开。

这是清代袁枚创作的一首人生励志的小诗。苔虽小，也无阳光眷顾，可是面对春天，它却自顾自开放，犹如牡丹，展示着自己最美的瞬间。这不就是生活中最可取的一种佳境吗？

无独有偶。现代诗歌中也有一朵野花与苔花隔空对望。这朵野花对于一片荒原来说是微不足道的，几乎没有人会关心甚至注意到它的生存之道。野花于是只能孤独地开放，然后又孤独地凋零了。并且野花的生命是非常短暂的，在奔腾不息的时间长河中它那简直就是瞬间。短暂的生命似乎充满着不幸：一刹那间的盛开，紧随着就是生命的消亡。然而，诗人陈梦家以其细腻的感受力与敏锐的捕捉力却发现了荒原中野花的美丽之处：纵然是非常不幸地生长在荒原里，不能享受到花园里的娇宠，但这朵野花仍然毫不气馁地固执地盛开，并且一旦开了，它就用笑脸去迎接太阳，向太阳、向整个世界展示它短促生命的辉煌瞬间。诗人充满惊喜地说"不想到这小生命，向着太阳发笑"。我们看到野花的生存态度中蕴含着一种强烈向上的不屈的生命韧性。它不会因他人的漠不关心而放弃开放的自我追求，也不会因自己的生命短暂而停止开放的脚步。诗人写的是野花，这不也正是一种人生的态度吗？

在我们的写作中，也可以野花为借喻，歌颂那些顽强的人。他们生命虽然短暂却不悲观，他们奋力拼搏实现生命辉煌的价值；他们身患绝症，生命只能以月计算，却愿意将自己对生命的认识与所有的人分享，只为了让更多的人能健康地活着。

他们是那些平凡得不能再平凡的人，从事着平凡的职业，可他们却孜孜不倦地贡献着自己的力量。

他们珍惜自己的生命价值，面对命运的磨难，能够笑对人生。

他们一生都可能默默无闻，但却坚如磐石，无怨无悔。

我们从野花的生命中寻求到相类似的生存状态，当我们在作文中与它们邂逅的时候，我们就会自然而然地想到这句诗，以此来赞美它们。

早晨，她依然朝着太阳

金黄的、庄严的向日葵，

把花朵朝着太阳开放。

太阳把多光的羽箭，投射到

她明静而柔美的花冠。

……

王亚平《向日葵》

借物抒情，托物言志，通过描写具体事物的特性来抒发诗人自己相应的情感，是中国历代诗歌的一大特色。我们在读写物诗时，总会隐约地发现，藏在景物背后的人的情感特征。而由此下去，另一个真实的世界便会清晰地展现出来，于是，全诗不再是单纯的歌咏景物，景物成为一种表面的形式、一种寄托。王亚平的《向日葵》便是一例。全诗如下：

　　　　金黄的、庄严的向日葵，
　　　　把花朵朝着太阳开放。

　　　　太阳把多光的羽箭，投射到
　　　　她明静而柔美的花冠。

　　　　她有战士的崇高品德，
　　　　她嘲笑睡倒在黑暗中的小草。

　　　　夜里，风雨打落她的花瓣，
　　　　早晨，她依然朝着太阳。

　　单看诗的第四节"夜里，风雨打落她的花瓣/早晨，她依然朝着太阳"，这是向日葵这种植物的生长习性，但是诗同时具有深刻的象征意义。"夜""晨"常常被借用于社会时间的表述中，"夜"成为黑暗时代的代名词，"晨"则是光明的象征。而这些隐喻是读者在平时阅读中已经积累的，或者可以说大家已经形成了思维的惯性，人们有这个能力由此及彼地进行联想。于是，我们可以把向日葵看作一种人：不畏艰险，不畏强暴，敢于追求光明，并且在困难面前，这种追求一如既往，矢志不渝，毫不气馁，毫不退缩。

虽然是在第三节中点明"向日葵"就是战士，但是，这并不妨碍我们扩大视野，寻找向日葵更多的象征意义。我们可以把她看作是一种人：特定年代中，争取解放、争取民主、保卫和平的勇士。她是一种人，是所有年代中为了实现自己的理想执着追求的创业者；她是一种人，就是我们今天的时代中乐观向上、不计个人得失、甘于奉献身心的敬业者；她也是这些人所具有的崇高精神。当我们苦于没有贴切恰当的语言赞美这些精神的时候，我们就可以引用这句诗。

我是不系之舟

没有什么能使我停留——

除了目的

纵然路旁有玫瑰，有绿阴，有宁静的港湾

我是不系之舟

林冷《不系之舟》

诗人在这首诗中的坚定不移的信心从一开篇便显现得干脆、利落，"没有什么能使我停留"。而后话锋一转，"除了目的"，也就是说，除非达到目的才能停下来。眼中只有"目的"的诗人不在乎路边的风景，"玫瑰"往往象征爱情，"绿阴"可能就是友谊之类，"宁静的港湾"是家的安全、和谐、温馨的代表。即便是这些，诗人也不为所动。诗中显示的认准目标就一直走下去的毅然的决心也是我们在求学道路上所应具有的。因而，我们可以将之直接作为我们生活的座右铭。

这节诗内容催人奋进，可以直接引用到我们的作文中，它是——

创业者创业之初许下的誓言；

奔波者忙碌之中不改的志向；

求学者钻研之际不悔的决心。

它可以是作文中"我"当众立下的诺言，也可以是自己内心的鞭策，也可能是"我"留给别人的印象、别人对"我"的评价。"我"可以是一个认真刻苦、勤奋学习、一心要考上大学的学生；可以是一个追求真理、矢志不渝、不为权威所吓倒的科学家；还可以是一个不折不扣、为达目标宁愿舍弃一切的铁杆球迷……情形种种，人物种种，但相同点是只要知道目的地在哪里，就要前进，不达目的誓不罢休。

只管唱过，只管飞扬

……

从来不问他的歌

留在那片云上？

只管唱过，只管飞扬，

黑的天，轻的翅膀。

陈梦家《雁子》

　　"雁子"这一题材在古诗中是很常见的，多用来表达在外漂泊的游子思乡的情感，因而写"雁子"的诗也多是感伤与愁苦的基调。而诗人陈梦家的这首《雁子》却打破人们常有的思维定式，不写思归不写乡愁，不托鸿雁捎书等等，一改常态，另辟蹊径。在诗中，雁子自由地翱翔，不在乎其他的存在，"只管唱过，只管飞扬"，这里雁子象征着自由，象征着乐观、向上的精神。可以说，诗人展现出来的"雁子"情结是新颖的、不落俗套的，这也是这首诗广为流传的原因之一。

　　它对我们写作文的构思有较深刻的启示。作文构思贵在新，对于同一个题材，优秀的作者总是善于发现新的角度。例如描写"蜡烛"这一题材，大多数人讲的是"燃烧自我，甘于奉献"的"蜡炬成灰泪始干"的精神，因而用它来比喻人民教师。但有人说"蜡烛照亮别人的同时，也照亮自己"，一下子就显示出自己观察和感受的新意来。相同的景物会诱发出不同的情感，我们不要一味重复前人固定的认识模式。还以"蜡烛"为例，如果强调"流泪"的细节，就可以从另一方面进行联想：忍辱负重，不敢同命运抗争，委曲求全的生活态度。

　　写作文不是解答数学题，只有一个准确答案。作文构思有着广阔的空间，作者有权按照自己的审美标准、审美眼光去品评事物和抒发情感。因而，有人赞美竹子，因为它是正直坦诚的化身；也有人贬斥竹子，因为它的中空而易让人产生虚伪的联想。这两者就是截然相反的情感倾向，却各有其独到之处。

信念是一株树

……

信念是一株树

一株坚强的高山柏

永远站立在

坚实的崖层上

罗洛《信念》

看到这首诗，我们不禁会提出这样的疑问：信念是什么呢？有很多人怀疑它的存在和它的价值，诗人罗洛却斩钉截铁地说："信念是一株树"，"一株坚强的高山柏"。的确，信念是一种精神力量，是使一个人、一个国家、一个社会迈步向前的精神支柱。信念有很多种：生存的信念，它使人在死亡的边缘奋力挣扎；奉献的信念，它使人在嘲笑讥讽中挺起胸膛，阔步向前；平等的信念，它使卑微者对一切世俗的权势一笑了之……

作者写这首诗的目的就是让人相信信念，但这是写诗而不是行政命令，有令必行，所以诗人首先必须使人明白、理解信念，人们才会去相信，而"信念"又是一个抽象化了的概念，丰富的内涵读者也无法直接领会。诗人高超之处就在于采用了比喻的手法，赋予"信念"一个具体的形象："信念是一株树"，"一株坚强的高山柏"。柏树的形象，随处可见，每个读者都非常熟悉：坚韧挺拔，郁郁苍苍，四季常青，生命力极强。这样，读者的脑海里就会立刻形成一个可以感知的形象。并且，这里不是一般的柏树，而是一种特殊的柏树——高山柏。在这首诗的前半部分，诗人已经具体描述了这种树，它的生长环境十分严酷：根从岩石缝中伸向岩层深处，昼夜不息的大风击打着它的躯干，而它的带绿叶的树梢却始终向上扬起，向着蓝天，向着阳光。用比喻将抽象的事物转化为具体的、可为人真实感知的事物的手法，在议论文中会经常用到，更易于让人接受。例如写"理想"为主题的议论文时，你怎么解释理想？你可以采用字典上的解释：对美好未来的设想（指有根据的、可以实现的，区别于空想、幻想）。但这些抽象的解释无法说服、打动读者，这个时候，你不妨说："理想是海上的灯塔，理想是运动员冲向的终点，理想是夜行人家里的那盏亮灯……"比喻一出，就会更生动、更有效果地揭示出理想的内涵，并给人以耳目一新之感。

待岁月验证你的生命

你去了！却悄悄留下种籽

飞播在黄山千仞万岗

待岁月验证你的生命

分身十亿，个个站在云头之上

宁宇《倒下的黄山松》

很多诗人游览黄山，会不由自主地被那傲然挺立在众山之巅、云峰之处的黄山松所吸引，会赞美它们的顽强不屈的生命力，诗人宁宇则似乎反其道而行之，去歌颂一棵多年前因为遭到狂风暴雨电霹雷击的浩劫而失去了勃勃生命力的老松。全诗如下：

> 年年风雨，年年骄阳
>
> 龙的虬躯鳞片剥光
>
> 然后腐烂，然后朽透
>
> 化为一层厚厚的乌黑土壤
>
> 你去了！却悄悄留下种籽
>
> 飞播在黄山千仞万岗
>
> 待岁月验证你的生命
>
> 分身十亿，个个站在云头之上

这在选材之初就显示了其与众不同之处。死与生具有截然相反的含义，生值得人们去歌颂与赞美，而死是对生的威胁，带给人们的是畏惧，是恐怖，人们往往是望而却步，避而远之。但是从另一个角度来考虑：生生死死是自然的规律，死并不意味着就是消失，有一种生命和精神是永恒不死的。它在发展和延续，并且更加光大。作者在倒下的黄山松周围，发现了它身旁的岩石缝中，竟冒出了许多青嫩的幼苗，充满了生长的活力。惊讶并感动于此，诗人大声赞美，因为在与大自然的搏斗中，这棵倒下的黄山松才是最终的胜利者："待岁月验证你的生命，分身十亿，个个站在云头之上。"

这首诗的内容帮助我们拓展思维，开阔视野，变换思路。臧克家评价鲁迅时说过："有的人死了/他还活着。"渴望生却选择死，这是人生的一种最高境界。肉体虽死，但其精神将永存。这首诗的主题就可以与"虽死犹生""舍生取义"这类题目的作文相联系，也可以由此联想到奉献的精神、提携后辈的精神：老一辈能够积极扶助年轻人，甘愿做绿叶的高尚品质，他们给青年以生存发展的空间，正所谓"落红不是无情物，化作春泥更护花"。

期待着太阳上升

群星已经隐退

你依然站在那儿

期待着太阳上升

艾青《启明星》

经历了漫漫长夜，天空里所有的星星都困倦了，悄悄地移向了西边的天空，然后就消失了。唯有一颗星，高悬于夜空，等待着黎明的到来。它就是"启明星"。艾青是这样描述它的存在："光明与黑暗交替，黑夜逃遁/白日追踪而至的时刻"，"群星已经隐退/你依然站在那儿/期待着太阳上升"。启明星所流露出来的是一种坚定的信念，是一种执着的毅力。支持它"依然站在那儿"的理由是"期待着太阳上升"，单纯唯一却无法动摇。因为它知道太阳就在黑暗的尽头。

启明星的这种坚定、执着让我们不禁想起生活中如启明星的人：他们在困难面前丝毫不动摇，以勇敢的行为迎接着"太阳"。例如抗洪前线的解放军战士，不仅在洪水围困老百姓时挺身而出，而且在洪水退去之后仍然守在那里帮助重建家园，直到老百姓重新回到宽敞的住宅里，他们才悄悄离开。这不正像"启明星"固守在黑夜，等待"最初的晨光"，直到"投身在光明的行列"后才不声不响地消失吗？

于是当我们赞美抗洪的解放军战士时，引用这首诗正是恰到好处。"启明星"还可以理解为是默默辛苦工作、任劳任怨、不计报酬、不邀功的拓荒者的形象。他们是打井队的工人，是建筑工地的施工者，还有长年工作在祖国西北部，一心为了使西部早日繁荣而长年累月地辛苦工作的广大党政干部、技术人员。这样思考，"启明星"的意蕴就更加丰富了，它不仅是头顶的那一颗勇敢的星星了。

我们甚至可以想到那些为了开启民族与时代光明的先驱者，他们存在于历史最黑暗的时刻，奉献着自己的一丝执着的光亮，矢志不渝，以不屈不挠的毅力开启了一个时代的太阳的升起。他们可贵的精神不仅在于守候，更在于能够在势单力薄的时刻坚持下去。因而，诗人所吟咏的"启明星"具有了极为深刻的象征意义，我们完全可以将它扩展开来，寻找到能为我们所用的东西。

种子的两页绿扉
是要开向风雨的

让可怜的盆景骄傲室内的优遇吧

种子的两页绿扉是要开向风雨的

向明《门》

　　向明的这首诗开门见山地对比了"盆景"与"种子"的迥然不同的生存选择：盆景喜欢室内，而种子却向往户外。从这两句诗的叙述中，我们就会发现诗人对二者的截然不同的态度，他认为生长在室内的盆景是"可怜的"，而"要开向风雨的"种子却异常可贵。诗人深深理解种子的生长个性，"要""的"两字流露出一种坚决的语气，这是种子的坚决，也是作者的坚决。同时，"优遇"与"风雨"又是截然相反的生存环境。简短的诗句中却包含了三组对比："盆景"与"种子"的生存者的对比；"室内的优遇"与"风雨"的生存环境的对比；"可怜的"与可贵的生存评价的对比，可谓言简意赅。

　　从诗出发，我们能挖掘出更深的含义。"盆景"与"种子"正是代表了两种相反的人生观，"盆景"向往舒适安逸，不愿同自然中的风雨等困难做斗争，而"种子"却勇于向自然敞开心扉，敢于同风雨抗争，"盆景"于是成为房子主人观赏的风景，成为寄生的生命，吸收着靠玻璃窗折射进来的阳光；而种子以旺盛生命力享受阳光、雨露，享受着胜利的喜悦，成为自然中亮丽的风景。所以可以看作是享乐型与奋斗型的两种相反的人生观。作者的情感倾向是肯定奋斗者而否定享乐者。

因而这首诗可以作为我们歌颂生长在自然界中的顽强的生命的表述，也可以用来赞美在困境中不断求得生存、发展、壮大的强者。是一句向困难挑战的誓言，也是一种对生活美好前途的呼唤。写作文时，我们可以从不同角度去取舍。

我是一个光明的追求者

好比一盏金黄的向日葵，
我是一个光明的追求者；
又如一羽扑灯的小青虫，
对于暗夜永不说出妥协。

路易士《光明的追求者》

诗人一开头便推出一个比喻："好比一盏金黄的向日葵，/我是一个光明的追求者"，紧接着又作了一个比喻："又如一羽扑灯的小青虫，/对于暗夜永不说出妥协"。用两个比喻阐明自己的志向：不会被任何困难吓倒，勇敢地去追求光明。向日葵的头总是随着太阳转，夜晚的小虫总是向有灯光的地方飞，这是人们都极为熟悉的常识。诗人抓住了日常事物作比来阐明自己的志向与追求，浅显易懂，明白清晰，易于人们接受和理解。这也是我们在做比喻时所要注意的。找那些贴近我们日常生活的事物作喻，千万别去找新奇的东西作喻体，因为比喻的目的是让人们通过喻体更容易把握本体的某种特性与性质，重点是本体。喻体的介入是作者介绍本体使用的手段，它不能成为突出的重点。我们可以说"见过一个形状如盘子的不明飞行物"，但不能说"我妈妈新买的盘子很好看，形状像不明飞行物"。"不明飞行物"极少有人见过，用它作喻，反而使人们搞不明白"盘子"是什么样的了。

　　另外，当我们用一个比喻不能说清楚说彻底时，就可以用两个或多个比喻来说明事物的不同方面和特点。如诗中第一个比喻揭示出"我"追求光明，但对于其决心、信念还没有表现出来。于是诗人又以"扑灯的小青虫"作为第二个喻体来突出这个特点。这样，各有侧重，对于整体而言，则把事物全面而具体地呈现出来了，达到了表达目的。

第一千零一名

告诉你吧，世界，

我——不——相——信！

如果你脚下有一千名挑战者，

那就把我算做第一千零一名。

北岛《回答》

北岛的《回答》是朦胧诗的顶尖之作，反映了那一代诗人的自我觉醒和审视历史的自觉意识。这一节是诗人情绪高扬的一段，直抒己见。"告诉你吧，世界，我——不——相——信！"四个字一字一顿，字字响亮，像宣言一样，如火山爆发，如海潮狂啸，怒不可遏，对世界控诉着自我强烈的情感。"我不相信"掷地有声，诗人大声地喊叫，宣泄内心强烈的情感，不仅如此，诗人还进一步表明自己的志向："如果你脚下有一千名挑战者，那就把我算做第一千零一名"，声势更为浩大，气势更为强烈，再次表明自己的决心。"如果"所引导的假设未必就是一定真实出现的情况，但自己一定是一个挑战者，哪怕是一千零一名都无所谓。这一句不仅显示诗人义无反顾的决心与气魄，还在深层上表明了对自己选择的坚信，他认为自己不是在孤军奋战，这个世界上有和他并肩作战的勇士。在句式的关系上是顺承了前一句"我不相信"。由"我不相信"到成为第一千零一名"挑战者"，实质上是由怀疑到挑战，行动进一步加强，自我意识也随之增强。

"如果你脚下有一千名挑战者，那就把我算做第一千零一名"，这句诗口气坚决，强烈反映了诗人追求真理，敢于挑战的崇高精神。因而，我们可以把它当作挑战者的口号和宣言：那些勇于攀登科技高峰的人是挑战者，那些面对困难，奋勇直前的人也是挑战者。于是，我们会发现死亡沙漠罗布泊中有挑战者前仆后继的身影；我们也会发现无人居住、气候恶劣的南极的冰天雪地里已经有了一批又一批挑战者的炊烟。陈景润是挑战哥德巴赫猜想的第一千零一个人，张海迪是挑战病魔的第一千零一个人，桑兰也是挑战生命的第一千零一个人。由此，我们可以赋予这句诗更多的语境与内涵，它向我们展示了挑战者的人生境界，而我们可以反过来用这句话赞美那些矢志不渝的挑战者。

我片片都是忠诚

我这个人
是用忠诚制造的！
即使是破了、碎了，
我片片都是忠诚。

何达《我是不会变心的》

这一段是《我是不会变心的》最后一节，抒发了诗人无限忠诚的志向与决心。"用忠诚制造""片片都是忠诚"字字句句感情强烈而深沉，"即使是破了、碎了，/我片片都是忠诚"表现出大义凛然、视死如归的英雄气概和大无畏的精神，即便死去也要留下真诚，其情感与精神震人心弦。

从这首诗，我们可以看出忠诚是一种情感，一种对祖国、对人民深沉的爱，这种情感崇高而真挚。就历史而言，忠诚的情感具有永不消退的特点。战国的屈原，汉代的苏武，唐朝的李白，南宋的文天祥，明代的于谦，晚清的谭嗣同，革命烈士方志敏、江竹筠等，他们的思想不同，生存环境也不同，但他们都忠于自己的信念，以自己不屈不挠的毅力与情感映照着汗青。

忠诚更多地体现为一种行动，为祖国为人民即使"破了""碎了"也在所不惜，丝毫不动摇。苏武牧羊19年期盼回国是一种真诚；文天祥的舍生取义留取丹心也是一种真诚；谭嗣同的为民请命，甘愿以血警世是一种忠诚；而今天服务于社会、默默奉献青春是一种忠诚，积极地学习先进技术，投身于祖国建设也是一种忠诚。

每个忠诚者都是"用忠诚制造的/即使破了、碎了"也必将"片片都是忠诚"。所以我们可以将这首诗看作是忠诚者的真情吐露和铿锵的誓言。引用时，可以是主人公以独白的形式，抒发忠诚的情感，或者是当作一种誓言、决心，也可以是作者对所描写的人的赞扬讴歌。

在作文中，我们可以将"忠诚"主题深化：忠诚的精神：对祖国、对人民的热爱的拳拳之心、赤子之情；忠诚的意识：自我人格的界定和把握以及努力的目标；忠诚的境界：持之以恒、不懈追求、矢志不渝的精神所产生的行为效果与人生价值。

一个永恒的主题

树却应当只有

一个永恒的主题

为向天空自由伸展

我们决不离开大地

舒婷《落叶》

　　这里的"却"是承接前面的"落叶和新芽的诗/有千百行"而来。"千百行"是用来比喻树叶和新芽之纷繁，接着以"永恒的主题"来比喻树的崇高精神品质；"为向天空自由伸展/我们决不离开大地"。诗人以"树"作喻，实际上是阐述对人生的思考。以"为向天空自由伸展/我们决不离开大地"的树的形象来比喻人生的执着与追求。"向天空"是一种美好的追求，"决不离开大地"也是一种坚定的意志，"永恒的主题"显示了诗人矢志不渝的情感与价值取向。

　　同时，我们可从另一个角度思考：天空与大地具有相反方向，但是树的特性是：根向下扎得越深，枝叶才越向上繁茂地生长，所以天地并不矛盾，向上向下有共同的方向，那就是朝向理想。人也一样，越想实现伟大的理想，就越要踏踏实实做好小事情，不能好高骛远。对于我们的学习，要想获得成功，就必须一点一滴积累，把基础打好。从这样的角度去挖掘意蕴，就突出了其中的辩证色彩。

　　另外，这句诗还流露出实现理想但不忘记根本的情感倾向。如作文中写无数中国人去外国留学，毕业之后，放弃优厚的工作待遇和生活条件毅然决然地回国创业。这种行为与精神的实质就是"为向天空自由伸展/我们决不离开土地"的现实写照。我们可以把他们比喻为"树"把根已深深地扎在中国这块土地上，吸收了阳光养料，只会把根越扎越深，无怨无悔地用生命点缀着祖国的土地。这样，作文更具形象性，也就更具感染力。

我知道前进就是快乐

像在墨墨的大地上寻找灯火，

真理的火焰从不对谁藏躲，

我寻找了二十几年，

我知道前进就是快乐。

臧云远《小河》

《小河》一诗以轻快自然的语言，通过丰富的联想，巧妙地把不舍昼夜流淌的"小河"与一点一滴消逝的"生命"联系起来，展开对生命意义与人生价值的探寻，传达出精警深邃的哲理意蕴。引文为该诗的第二节，诗人回顾自己二十多年寻找真理的艰难历程并抒发了自己对此的感受。发现了人生的真谛是"真理的火焰从不对谁藏躲"，寻找真理的过程就好像是"在墨墨的大地上寻找灯火"，没有任何遮挡。揭示了只要付出真诚和汗水就会得到生活垂青的哲理。并且诗人从中发掘了人生旅途的乐趣："前进就是快乐"，这是对人生命价值的体悟。

对于该诗我们可将着眼点放于"真理的火焰从不对谁藏躲"和"我知道前进就是快乐"两句上。它们可分别引用在以下主题的作文中：

前一句，相信真理的存在价值，它并不为某一个人或某一群体独自占有，因而每个人都可能得到真理；真理是公正的，掩饰真理是徒劳的；真理的获得需要勇气、恒心和激情。

后一句中，表现出的是一种视困难为快乐的积极乐观的心态；是一种历经拼搏的人生总结；是战胜困难的从容与自信。那些不断探索，永不满足的人会体味到这种快乐；那些知难而进，失败了还要勇敢地站起来的人才懂得这种快乐。在我们的作文中，这可以是一种对描写人物的评价，也可以是人物内心坚定的信念的流露。

在海上建筑起一座桥梁

纵使是海一样的宽广，

我也要日夜搬运着灰色的砖泥，

在海上建筑起一座桥梁。

冯至《桥》

这三行诗是对前一句"你同她的隔离是海一样的宽广"的回答。对话的双方，一方强调隔离，另一方坚持沟通；一方强调隔离不可消除，另一方则表示自己有实现沟通的决心。全诗如下：

你同她的隔离是海一样的宽广，

纵使是海一样的宽广，

我也要日夜搬运着灰色的砖泥，

在海上建筑起一座桥梁，

百万年恐怕这座桥也不能筑起，

但我愿在几十年内搬运不停。

我不能空空地怅望着彼岸的奇彩，

度过这样长这样长久的一生。

诗人并没有具体指出"她"是谁，可能是自己的恋人，可能是一个朋友，也可能是一个陌生人，或许这是泛指任何事物，这一点我们无法去作具体的探究。因而，诗的定义也就随之显得宽泛起来。"隔离"可以理解为人与人之间思想、感情上的隔离，也可以理解为人与知识彼岸、理想彼岸的隔离。由此"建筑桥梁"既可以理解为人与人之间思想感情的沟通，也可以理解为人对知识的掌握，对理想的追求。其意在说明的哲理是：人与人之间的相互理解和沟通是不容易的；一个理想的实现，特别是一个伟大的社会理想的实现，更不是一件容易的事。"海一样的宽广"就足以说明任务的艰巨性。但诗人的决心是坚定的，要"日夜搬运"来实现美好的理想，诗人在此处表明了自己的伟大志向。

小诗中流露出"明知山有虎，偏向虎山行"的大无畏精神。从真挚的回答中，我们感受到了坚定的信心、不懈的毅力和行动的热情。

这节诗我们可以同"个人理想的实现""社会理想的实现""人与人之间的沟通"以及"现代化建设"等诸多主题联系在一起，也可以从"信心""毅力""志向"等多种角度切入。

抖落黑暗所培育的困倦

当第一缕金色的阳光，

绣着我的翅膀，

我抖落黑暗所培育的困倦，

在有弹性的绿色的枝条上，

舞蹈，歌唱！

吴奔星《小鸟辞》

《小鸟辞》是一只小鸟的自白，全诗抒发了它的快乐与追求，并与它眼中的人的贪婪、妄自尊大，形成强烈的对比。

小诗的二、三两节写得尤为精彩，引文如下：

当第一缕金色的阳光，

绣着我的翅膀，

我抖落黑暗所培育的困倦，

在有弹性的绿色的枝条上，

舞蹈，歌唱！

当第一阵清新的空气

流入我的胸膛，

我喷出夜魔所灌溉的牢骚，

在镀着银露的枝条上，

唱歌，徜徉！

当太阳刚刚升起的时候，小鸟便展开它的美丽翅膀，不再沉湎于梦中，飞到了绿色的枝条上，不断地歌唱，不断地跳舞，充满了快乐的情感；下一节的意思与第二节大体相同，只不过用不同语言表达出来，两节诗渲染出了清晨小鸟的快乐。这是小鸟的自白，从更深一层来看，这也是诗人的自白，是所有拥有小鸟一样情怀的人的内心独白。

我们在作文中可以采取逆向思维将"人"比作"一只小鸟"，然后引入该诗的意境。例如：

我觉得他就像一只小鸟，当清晨第一缕阳光投到他的翅膀上时，他就又开始劳作了，精神十足丝毫不记得昨日的疲惫，有的就是往昔的热情和斗志。

这一小段的行文脉络完全是从小诗中借鉴来的，但经过文字转化之后又是切合我们作文的语言的。

强者的生命同巨钟

强者的生命同巨钟

你要砸碎它

它却发出震撼山岳的音响

鲁黎《巨钟》

在我们的生活中，有许多顽强的奋斗者，他们热爱生活，热爱生命，不屈不挠地对抗着不幸。于是我们称他们为"强者"。鲁藜又把"强者的生命"比作"巨钟"，"你要砸碎它，它却发出震撼山岳的音响"。强者敢于反抗，生命给它以重击，他也以同样的力量反击生命，显示出生命的张力，也显示出生命的坚韧、不可摧毁。诗人展现的不是强者日常的生活状态，而是将生命推至一种极限的境界。"砸碎"也就是试图毁灭，它代表了一种生死的考验与磨难。而这无法慑服强者，强者以更猛烈的姿态回应它。

强者是我们生活的焦点，也是我们作文经常写的重点。强者具有很大的概括性：事业上的强者，生活中的强者。与病魔做斗争的是强者；与贫困做斗争的是强者；与传统观念做斗争的是强者；与自我做斗争的也是强者。这些行为与精神是任何一个社会都主张发扬光大的。我们用文字表现这样的精神，在描述之外，情感倾向也都是肯定与赞扬的，从这个角度而言，引用该诗最恰当不过了。同时，我们还可引用该诗去阐述生命的韧性与潜力。

不，我不会衰老

不，我不会衰老

在奔跑中

生命是永远鲜活

何达《长跑者之歌》

这是《长跑者之歌》中的一小段，全诗以问答形式赞美了长跑者不屈不挠、坚持不懈的毅力。本篇所选的是长跑者对"你会不会衰老"的回答。一个否定词"不"，语气极为强烈，不容怀疑。紧接着"我不会衰老"再次重复原意，加强了否定意思，增强了气势。"在奔跑中/生命是永远鲜活"指出奔跑对于生命的意义，不仅不能使生命衰老，反而会使"生命永远鲜活"。长跑者在奔跑中实现了自己生命的价值，将生命推到永恒的状态中。

我们将"奔跑"的意蕴拓展开来思考：人生不就像一次长跑吗？有的人跑跑停停，有的人东张西望，也有的人充满信心，毫不怠慢。只有那些不畏困难、勇往直前的人，他们的人生才会越来越精彩，就像长跑中只有跑在前面、跑得快的人才能领略到前方美丽而新奇的风景。

因而，这首诗我们可以引用来赞美开拓者，可以来劝诫那些在学习、工作上的懒散者，鼓励他们抓紧时间，万万不可懈怠；同时这首诗我们也可以看作是使生命变得有意义、有活力的最有效的方法的阐释。

俗话说"生命在于运动"，人生不也正是要依靠不断向前运动来实现吗？

一个健伟的灵魂

黑夜的海风

刮起了黄沙

> 在苍茫的夜里
>
> 一个健伟的灵魂
>
> 跨上了时间的骏马

覃子豪《追求》

　　诗的境界充满了悲壮：一个孤独而伟大的英雄在落日时分跨上时间的骏马，穿过茫茫的黑夜去追逐黎明，使人不由得想起我们的祖先夸父逐日的故事。全诗抒发了一种超越了悲剧命运而顽强奋斗的英雄者的豪情壮志：

　　大海中的落日

　　悲壮得像英雄的喟叹

　　一颗星追过去

　　向遥远的天边

　　黑夜的海风

　　刮起了黄沙

　　在苍茫的夜里

　　一个健伟的灵魂

　　跨上了时间的骏马

　　全诗由四组意象构成：大海落日，英雄感叹——这是一种悲壮的人生经历的体验；时间飞驰，日暮时分，人在这样的情境下总会有一种情不自禁的感慨，对自己事业、人生诸多还未来得及做的事情的惋惜与悔恨；一颗星追向天边——显示出宇宙生命的生生不息、永恒的循环与流动，它给人留下无限思考的空间；海风，黄沙——象征着人生经常面临的困难、阻力，它们构置了生命的背景；苍茫黑夜，健伟的灵魂跨上骏马——意味着生命的顽强与韧性，决不会因为困难而消亡，反而会更勇猛地去挑战，去实现人生的伟大理想。

四个意象展示得厚重而又辽远，我们从每个场景中都可阐发出不同的人生境界，而四个意象又组成人在为实现理想不断奋斗、不断追求的崇高境界。这首诗是在展示强者的生活状态，也是在歌颂人类所具有的不屈的斗志和豪迈的情怀。

反过来，当我们在作文中要表现人追求理想过程中的困境与不屈的斗志时，引用这首诗是再生动不过的了。

我愿效灯蛾的无智

我愿效灯蛾的无智
委身作情热火化的尘埃

冯乃超《残烛》

该诗名为《残烛》，实际上是在写灯蛾。在诗人看来，"飞蛾扑火"这个因动物本能而引起的场景是极具悲壮色彩的。

诗人在前面写道：

追求柔魅的死底陶醉

飞蛾扑向残烛的焰心

焰光的背后有朦胧的情爱

焰光的核心有青色的悲哀

认为"死"是柔魅的，"追求死"是一种"陶醉"，也就是说"死"具有更伟大的意义，不再是痛苦与悲哀的了。正因为诗人发掘到了这层含义，所以他直接表明自己的理想："我愿效灯蛾的无智/委身作情热火化的尘埃"，明知道这是"无智"之举，却执意去效仿，该需要多么崇高的献身精神啊。

"灯蛾"这一意象具有强烈的象征意义。从狭义上讲，是指处于当时的历史时期中为推翻腐朽的旧制度而英勇献身的革命志士；从广义上讲，我们可以理解为一切"知其不可为而为之"、不畏艰险、执着地追求理想和事业、追求真正的人生价值的人。

"飞蛾扑火"颂扬的便是一种坚强的意志、执着的精神。同时，我们还可以再进一步思考，"飞蛾扑火"不是个体的偶然性存在，是一种群体不屈不挠、前仆后继的浩大气势，所以，从这层意义而言，是对群体的赞美。

由此，我们甚至可以联想到"愚公移山"的古老传说和其中所蕴含的生生不息的毅力和斗志。

作文中，思想是重要的，挖掘思想的过程又是艰辛的，本文意在培育出几粒露芽的种子，等待大家的浇灌，只要你付出艰辛的劳动，种子就会发芽，就会开花。

冬天的树

春天不来

冬天的树

死也不悬挂

红花绿叶

欢迎的旗子

青勃《冬天的树》

当温暖的春天代替了寒冷的冬天时，自然界就会发生巨大的变化，树木吐绿，花儿含苞，继而花红叶绿，一切从此充满了生机。诗人青勃面对春天中的景物，有感而发，他看到了枝头上的花红柳绿，但是他的着眼点却不在此，他把着眼点放在了经冬的树的身上，把树作为主体来写。他认为树是"冬天的树"，它也在热切地等待着春天，并且表现出了矢志不渝的坚忍不拔的精神。为此，它不吝惜自己的生命。如果"春天不来"，它"死也不悬挂/红花绿叶/欢迎的旗子"，诗人的智慧在这三行诗中一鸣惊人。他把树的"红花绿叶"不露声色地比喻成"欢迎的旗子"，突出了"树"对春天的渴望与欢迎之情，而"死也不悬挂"又表明树坚贞不屈，不达目的誓不罢休，死也不屈服的顽强斗志。这个比喻使原本平常的树有了新奇的含义，让读者的眼睛为之一亮。

诗人的想象是丰富而有新意的。他赋予树的意义我们也可以在写春天景色的作文中引用，显示出树的坚强，增加作文的新意。

"冬天的树"的形象在这首诗中具有强烈的震撼力，树的意义已超越了自然界中植物的单纯指向，而升华到人生观意义的层面上来了，甚至我们还可以将它扩展到集体、民族精神的层面上来。如在祖国艰难斗争岁月中，我们的民族渴望光明，渴望胜利，为此，一批又一批的勇士前仆后继，以无比的忠诚去捍卫祖国的每一寸土地，保卫人民。他们热情如火，但胜利一日不来，他们就一天不露笑容，一天不停下休息。他们不正像这"春天不来""死也不悬挂/红花绿叶/欢迎的旗子"的"冬天的树"吗？因而在表现这种情怀时，可以如上引用。同时，"冬天的树"也包含了对理想执着的信念，为了理想的实现拒绝一切其他的诱惑。由此，我们可以用它来比喻那些为伟大理想的实现而放弃享受的人，他们可能是留学海外的科学工作者，怀着报效祖国之心，毅然决然地放弃了国外优厚的物质待遇，回到祖国的怀抱，投身于繁忙而紧张的工作中，但他们毫无怨言，反而干劲十足，因为他们的理想就是用自己的知识与力量把祖国建设得更好。他们也正如这"冬天的树"为春天而等待，而努力。以上分析也可以作为我们在作文中的一段描写，从而引出"冬天的树"的比喻意义。

把一生交给海

那么

就把一生交给海吧

交给前方

没有标出的航线

徐敬亚《既然》

这四行诗是《既然》一诗的结尾。"那么"是承接前面诗中
的四个"既然"而来：

既然

前，不见岸

后，也远离了岸

既然

脚下踏着波澜

又注定终生恋着波澜

既然

能托起的安眠的礁石

已沉入海底

既然

与彼岸尚远

　　隔一海苍天

　　实际上，全诗只是一个并列了多个原因分句的因果复句。诗人以此表达了人的志向。

　　"就把一生献给海吧"，这是一种无悔的抉择，语气轻柔，却显示了一种义无反顾的决心。"交给前方/没有标出的航线"，前方没有固定、现成的航线，一切都在摸索中，但诗人毫不在意，这又突出了他的不安于现状，不因循守旧，勇于打破旧有模式束缚的创新精神，敢于挑战自我和人生的斗志。作者肯定了这种人生价值。

　　我们在作文中如果想表达以下的内容，就可以引用它：

　　为祖国甘愿奉献一生的决心和信念；勇于奉献、矢志不渝、乐观的斗志；不因循守旧，敢于创新的进取意识。

　　这句诗可以用来表明一个人的理想，也可以用来突出一代人的雄心壮志。

蒲叶仍然的碧绿

　　　　弱的，被遗弃的，并没有一句怨语

　　　　蒲叶仍然的碧绿

　　　　日光仍然的暖丽

　　　　一个小小的花苞，又从嫩嫩的根上抽出

王统照《盆中的蒲花》

这首诗是写一个儿童因"惊爱"蒲草而掐走一朵花的情景。蒲草受到了伤害，却没有一点嫌恶，仍然无私地呈现自己的美丽。蒲草在诗中是一种美好人格的象征。柔弱的蒲草在受到伤害之后却表现出了令人吃惊的生命力。它的叶子仍然呈现碧绿，在"暖丽"的阳光照射下，它又一次抽出新的花苞。蒲草的坚毅的形象能够使我们联想到宽宏大度、无私慈爱的前贤风范；使我们联想到那些被当作弱者的普通人，往往在内心深处蕴含着不屈的生命力；使我们联想到那种全心奉献、从不怨悔的人生态度。

同时，我们还可以从"一个小小的花苞，又从嫩嫩的根上抽出"一句中看到"希望"的主题：纵然生命中总会发生一些意想不到的挫折与伤害，但这并不能扼杀整个生命，生命还将面对阳光，只要乐观、坚强，就会有希望去实现美好的理想。这样的哲理我们可以引用来鼓励那些生活中的失败者，可以看作是我们面对生活的应有的态度。

蒲草是美的化身，诗人赞美蒲草，也是赞美具有蒲草一样伟大的人格的人，更是诗人用以激励自己的精神象征。

因而，我们可以用比喻的形式引用在我们的作文当中，以此抒发自己的志向。

KEWAIYUWEN
YINGYONGXILIE

表现手法

细　雨

东风里
掠过我脸边，
星呀星的细雨，
是春天的绒毛呢。

朱自清《细雨》

　　在我们日常生活里，有许多一瞬间发生的事情，足可以构成一幅美好精致的图画，诱发出人们无限感触。但这些场景又是稍纵即逝的，要求我们必须善于捕捉。朱自清先生凭借细腻的感受力做到了这一点。他的这首《细雨》以极为俭省的笔墨勾勒出春雨、春风、春意盎然的景致。"细雨"用了两层比喻。前面把"细雨"比喻成"星"，生动地表现出雨的细小、晶莹和可爱的特征；之后，又用"绒毛"作喻，把对"细雨"的感受直接诉诸读者的视觉、触觉和感觉，不但把"细雨"具体化了，而且同时也点明了"东风"这一特定景物的存在，从而把春雨形象进一步强化了。诗人正是由于能够准确地抓住对"细雨"的具体感受，才切实地把瞬间中春雨传达出来的纤细、轻巧、暖融的特点形象地展示出来。春雨在作者的笔下竟如此可爱迷人，充满美感。深切地体味这种源于生活的趣味，吸收并转化为一种发自我们自己内心的对生活的感受，也就实现了对美的捕捉与发现。那么，当我们写相关的主题时就可以将它融入自己作文中去了。

我们在写作文时，不必一味地苛求去用大量的笔墨展示一个景物的诸多特点。这样有时反而会弄巧成拙，造成文章的拥挤杂乱。倒不如就抓住一个特征，捕捉一瞬间的感受进行渲染，往往会收到意想不到的效果。另外，去捕捉生活中的瞬间的景物和感受也是我们日常练笔、积累写作经验、提高写作能力的一个有效途径。

最是那一低头的温柔

最是那一低头的温柔，
像一朵水莲花不胜凉风的娇羞，
道一声珍重，道一声珍重，
那一声珍重里有蜜甜的忧愁——沙扬娜拉！

徐志摩《赠日本女郎》

世间的离别有千种万种：母女的离别，牵肠挂肚；情人的离别，泪光点点；朋友的离别，难舍难分……无论哪一种都饱含着无奈的痛苦，及让人不忍回眸的揪心之痛。于是人们几乎形成了思维定式：离别等于痛苦。而徐志摩的一首《赠日本女郎》却抓住了这个原本悲伤的时段中最美好的一瞬间，赋予了无限真情，写得出神入化，令人回味无穷！

全诗以寥寥数笔，就将人间离别的千种风情，无比清晰地展现在人们面前，将"低头的温柔"比喻成"水莲花不胜凉风的娇羞"，构思奇妙，同时也将离别的场景写得美不可言！

这首诗对我们的作文有两点重要的启发：首先是细节的描写，抓住一瞬间进行深刻入微的刻画以突出中心，如朱自清的《背影》中写父亲就是通过他挤过栏杆买橘子的细节描写来突出父亲对儿子真挚的情感。这要比面面俱到更容易打动人。第二点是立意上的推陈出新，都是写离别，徐志摩先生一改常人的悲伤与心酸，将分离赋予了更美的境界。虽然也有"忧愁"，却已经是"有蜜甜的忧愁"。因此，我们写作文时一定要有敢于破先例，超越思维定式的勇气和想法，才能使自己的文章更突出，更吸引人。

刹那间，东边雾气逐渐消散

忽然，宇宙的万花筒旋转了，
刹那间，东边雾气逐渐消散。
羲和驾着骏马，昂首举旗奔来，
那云缝里不是已露出火红的旗尖？

赵瑞蕻《泰山日出放歌》

有两个作文题目，一个是描写大海，一个是描写流星，让你选一个写，你会选哪个？问了好几个学生，他们都说选择写大海，因为大海可写的东西多，春夏秋冬，白天和夜晚，平静或者涨潮时，都有可写的东西；而流星总是一闪而过，还未等看清就消逝得无影无踪，因为观察的时间太短，所以很难写明白。的确，这是两者在题材上的重大区别。大海与流星都是美的，都受到人们的喜爱，但要描写，大多数人会觉得写流星比写大海难得多。

要想写好流星一类的景物，就必须抓住瞬间，扩展瞬间。诗人赵瑞蕻的《泰山日出放歌》就是一段精彩的瞬间描写：

> 忽然，宇宙的万花筒旋转了，
> 刹那间，东边雾气逐渐消散。
> 羲和驾着骏马，昂首举旗奔来，
> 那云缝里不是已露出火红的旗尖？
>
> 刹那间，在人们意想不到的地方，
> 玫瑰色的云层中，金光交现；
> 仿佛听得见银蹄声响，羲和的朗笑——
> 朝阳上升了！雄壮威武的戏剧正在上演。

太阳升起也是发生在瞬间的事情，诗人两次重复写"刹那间"便在写作时空中延长了这个瞬间，也延长了读者的感受时间，从而在形式上增强了表现力度。诗人反复运用比喻、借代、反问等各种修辞，极力地渲染这种情景。从色彩、声音在内的各种感知角度描写太阳初升时壮观的场面，针对每一个细节都抓住不放。把瞬间切割成为多个点，作为描写的重点，一个也不放过。细腻地呈现，逼真地描写，不断地渲染，以多种修辞从各个角度展开，将瞬间的场景扩展开来成为一个呈现出无限美景的广阔空间，同时也是展示你观察力、捕捉力的巨大空间，一篇佳作便应运而生。

一头扑进亲人怀

> 白羊肚手巾红腰带，
>
> 亲人们迎过延河来。
>
> 满心话登时说不出来，
>
> 一头扑进亲人怀。

贺敬之《回延安》

这是贺敬之回到阔别已久的延安抑制不住激动的心情所吐发的心声。

"心口呀莫要这么厉害地跳，灰尘呀莫把我眼睛挡住了……"，真的面对"迎过延河来"的"亲人们"时，"满心话登时说不出来/一头扑进亲人怀"这一句写出了诗人初见亲人时那种喜出望外、满肚子话竟不知从何处说起的复杂情绪。

在我们生活中，也常会遇到这激动人心的时刻：足球队员在决赛的最后三分钟奋力一脚将球踢进了大门，全场爆发热烈的掌声，队员从全场四处狂奔到一起，相互紧紧地抱在一块，再没有更动听的语言能够传达此刻激动的心情了，唯有"一头扑进亲人怀"。根据我们日常生活的经验，如果说我们掌握了人的情感表达特征，在作文中就可以将其顺利地传达出来了。我们作文中如果遇到了相似的异常激动的场面，我们就可以用这种方式表达。如我们写一对分别了三十年的老朋友见面时的场景时，就不会洋洋洒洒地用人物的语言去渲染场面了，而会写："准备好的所有寒暄与问候都在目光相碰的一刻哽在喉咙处了，两个人什么都说不出来了，奔跑着拥抱在一起，老泪纵横……"拥抱代替了所有的言语的表述。

可见，渲染是突出中心的一种常用的方法，而在特殊的情境下，渲染只是画蛇添足，不如"满心话登时说不出来，一头扑进亲人怀"来得亲切、感人、可信。

只一眼便想忘掉你

只一眼便想忘掉你

忘掉！

忘不了你终生怎么平静

李琦《雪山》

这是全诗开头的第一节，只有三行，感情却波澜起伏，蔚为壮观。"只一眼便想忘掉你/忘掉！"没有一句叙述、描写，劈头就是一句，说出自己一种强烈的愿望，第二行又重复了"忘掉"一词，更显语气的坚决。诗人在读者毫不知情的前提下直抒胸臆，把一个结论抛给读者。好像愿望已经发展到了急不可耐，来不及慢慢道来，只能先吐为快的程度了。读者虽然不知其所以然，但是却可以感受到其情感的爆发的强烈、无法变更的决心。我们根据常理甚至可以推测出，诗人急切想忘掉的一定是那些令人不愉快的事情。但第三行诗句一出，却又让读者大吃一惊："忘不了你终生怎么平静"，原来想忘记的是让诗人心灵为之震动的东西。真是一波三折的妙笔。读过全诗，我们可以知道，雪山的无与伦比的美给诗人带来了巨大的震撼。诗人已深深地甚至是不可自拔地爱上这壮美的雪山。

诗人在开篇时运用的这种手法我们可以当作是"先抑后扬"，也可称作"欲扬先抑"。本来诗人充满兴奋、激动之情想赞美雪山，却不直接说，而说了相反的意思"想忘掉"，因为如果不忘掉的话，这种情感就会在内心深处不断地激荡以至于"终生"都不能"平静"。从反面说明了雪山给"我"的震撼是非同小可的。这种欲扬先抑的手法使得感情一波三折，令人回味无穷。

我们写作文要赞美、歌颂事物时，先抑后扬的手法确实可以令文章增色不少。如"我恨不得马上离开这里，扭头就走，头都不回地离开；因为我知道只要一回头，一切走的决心又会在瞬间无影无踪，那样我又走不掉了。这实在太美了！"，这就是从李琦这首诗的思路而扩展的。当然，我们也可以直接引用这首诗的三行，当我们看到奔腾的黄河壶口瀑布，看到激情飞扬的长江三峡，看到亘古绵延的万里长城、蔚为壮观的敦煌壁画时，想表现这种因崇高而引发的荡激胸间的强烈情感，我们就可以这样写："面对奔腾的黄河，我想起诗人李琦的那一句'只一眼便想忘掉你/忘掉！'。是呀，不忘掉，'终生怎么平静',此时我终于深切地体味到了诗人当时的情感。我也知道从看见黄河第一眼开始,我这一生都无法平静了……"下面便可以再具体地描写黄河(或者其他景物)的壮美。

思念是一种病

思念是一种病

一种会传染的病

隔山隔水也传染

装进信封,打开信封

都有浓浓的药味

王燕生《思念》

　　思念是一种细腻、惆怅而有时又充满着美的情感,是我们的作文不可回避的主题,也是历代文学作品乐于表现的内容,其原因就在于它无时无刻不在生活中发生和存在。思念家乡,思念亲人,思念朋友,或者也可能思念的只是往日的生活场景:穷日子里可称美味的荠菜;苦难中互相帮助、相互鼓励的患难情谊;无拘无束、毫无烦恼的童年……于是"思念"成为一个泛着生命活力的古老话题。诗人王燕生再次提起,赋予了"思念"又一种新的意象——"病"。在我们看来思念是一种情感,用"病"作喻似乎不恰当。然而,事实上,在英语中,相思用单词lovesick,思乡是homesick,其中心词根sick即是"疾病"的意思，所以直接译成汉语就是"爱的病""家的病"。不知道诗人王燕生是否懂得英语，是否知道这种表示方法。如果他不知道的话，反而更说明"思念"与"病"对于不同民族却有同样的感受。

诗人抓住"病"的意象不断进行挖掘，首先指出思念"是一种病"，然后又补充是"一种会传染的病"，增加了一个定语"会传染的"，指明了思念由一个人到另一个人就像传染病一样蔓延；紧接着说"隔山隔水也传染"，突出了这种情感蔓延的范围极广；而最后的一句"装进信封，打开信封/都有浓浓的药味"则揭示出这种思念即使在"装进""打开"这两个简单的动作的一瞬间也会骤然强烈起来，就如那浓浓的药味。诗人一层又一层地不断补充，不断渲染，不断增加细节，从而成功地突出了思念的特征与感受。

由此看来，本诗对我们作文的写作有两点重要启示：第一点是诗人具有穿透力的感受将思念赋予一个"病"的新意象，这无疑为我们日后写思念提供了又一种想象的空间，我们可以沿用这种比喻，刻画特定的思念。如下例：

> 记得有一首诗写道，"思念是一种病"，在我离开母亲去外地求学的三年中，我真切地感受到了这种病的痛，这种病的无药可医。我也知道母亲在遥远的故乡同样是受着这种病痛的煎熬。

第二点是逐层加深渲染的手法，学习作者是如何扩展思念的特征，增强思念的表现力。

最美的还是梦

来港三十年

最美的还是梦

……

梦醒时

忍不住

隔山隔水

向它

轻唤三声

傅天虹《看更阿伯的话》

　　这是一位在香港居住了三十年的老伯的话，道不尽对故乡的思念与眷恋。

　　梦为什么美？因为在梦中"记得中山陵/故乡的紫金山下/有一块宽厚的回音壁"，梦中常出现这个场景，所以"梦醒时"会"忍不住/隔山隔水/向它/轻唤三声"，故乡的场景只会在梦中亲眼看到，三十年的思念只能在梦中获得补偿与响应。梦的美就在于此。而梦又是那么缥缈，那么不真实，将希望寄托在梦中，本来荒唐可笑的事情，此时却充满了辛酸与苦涩，这是滞留在外乡的人的共同的痛楚。该诗句最感人之处即在于把所有的希望与情感寄托于"梦"的形式，梦是无奈与凄苦中的唯一的慰藉。

"梦"在文学作品里是一种独特的表达情感方式，常被用来表现思念、牵挂、回忆、渴望等情感。它源于现实生活的经验：许多熟悉的场景与情感常常相互交融一起涌入梦，所以我们看见艾青笔下的大堰河保姆"在梦里，她吃着她的乳儿的婚酒，/坐在辉煌的结彩的堂上，/而她的娇美的媳妇亲切的叫她婆婆"；看见贺敬之"几回回梦里回延安，/双手搂定宝塔山"；看见魏巍笔下的战士的梦里"手榴弹开花多美丽，/战马奔回失去的故乡时怎样欢腾，/烧焦的土地上有多少蝴蝶又飞上花丛！"

梦的设置可以作为开头，引出要描写的事物，如写"妈妈"，就可以说：昨天晚上，我梦见了回家，梦见妈妈到车站去接我，那场景就和每一次我回家一样亲切、熟悉，然后回忆每次母亲接站的情景，从中体现母亲的慈祥和对我无私的关爱之情。也可以用作结尾，表达愿望，如杨朔的《荔枝蜜》结尾，作者梦见自己变作一只小蜜蜂，体现了他对小蜜蜂的赞美之情。

一株白杨/在看风景

太阳冻僵了

脸色苍白

一株白杨

在看风景

孔孚《札达速写》

札达，位于帕米尔高原顶端，气候寒冷。诗人孔孚来到这儿，对该地进行了一次"速写"。四行诗，两种景物，两种神态。一个是"太阳"，本来是充满着光与热，在札达，却像一个孩子冻得脸色苍白，身体发僵。由此可见，札达这个地方是异常寒冷的，这种寒冷竟能让太阳都打战。但是，诗人却看见一株白杨，神态自然，像在看风景。诗人展示给我们的就是这样的一个场景。诗人就此停笔，并没有发表任何见解与议论。全篇到此结束，给人一种回味的感觉，总觉得还有什么没说完。这种表现手法正是"速写"文体的独特之处。"速写"本义是一种绘画的方法，是指在较短的时间内，在现场以简练的手法把对象的主要特征和动态描绘出来的绘画。由此引申成为一种文体，其特征是篇幅短小，以简练的笔墨刻画描写社会生活中有一定意义的人物或事件。

《札达速写》采取的便是这种表现手法。这种文体多采用白描手法，不加入抒情和议论，也就是作者隐藏了自己的情感，接近于纯叙述、纯描写形式。但是，这并不是说作者没有情感，而是不露声色，退身到文章之后，只是把现象、事实摆在读者面前，"太阳——冻僵了""白杨——看风景"，仅此而已，余下的就交给读者慢慢体味。从强烈的对比中，读者会从中自然而然地挖掘出诗人内心深处赞美白杨在严寒中挺立，不以为意的坚强与乐观的精神。

隐藏情感在文章的创作中也是一种艺术。作文中需要直抒胸臆，需要淋漓尽致的畅快，但是适时适当隐藏情感，不露声色，反而具有含蓄隽永的意味，甚至能显示出曲径通幽的妙处。为了达到这种效果，作者要在暗地里开设一条路径，暗中引导读者，给予一定的暗示。就如诗人孔孚，剔除一切不必要的烦琐，就是单纯地把两种神态清晰地摆在读者眼前，一下子抓住了读者的注意力，产生聚焦效果，于是情感也就能顺利地切入读者的感受中了。

街树也用红颜色暗示点什么

街树也用红颜色暗示点什么，
自行车的车轮闪射着朝气；
塔吊的长臂在高空远方，
秋阳在上面扫描丰收的信息。

杜运燮《秋》

这首诗作于1979年，正值诗人结束下放农村的生活，返回北京后的第一个秋天，当时整个国家和他自己都有很大的可喜变化。诗人的心情无比舒畅与激动。据诗人自己回忆，他说："秋天是庄稼果实成熟的季节。我们的民族经过一场大灾难，痛定思痛，也开始变得成熟了。我从秋天的成熟，也看到民族的成熟，似乎到处都有我所希望的新信息。眼睛看到的，上下四方；耳朵听到的，近处远处；还有鼻子闻到的，生活中接触到的，种种感觉印象都使我同'成熟'二字联系起来了。"诗人叙述的当时创作的心情是真实可信的，并且对我们的作文也是极具启发意义的。他阐明的是一条创作原则。

写作时的心态对于作文中表现的内容与表达出来的情感具有决定意义。如诗人心情舒畅，觉得一切都是成熟的景象：街树染上了成熟的红色，塔吊的长臂指向远方，充满着希望；秋阳发掘着一切丰收的信息；就连转动的自行车的车轮在诗人看来那也是在旋转着无限的生机与朝气。所有的景象都沾染了诗人的主观情感的色彩。反过来看，诗人虽然在诗中并未直接抒发自己喜悦的情感，但他描写的景物已经淋漓尽致地将情感非常透彻地展现出来了。也就是说，作者创作时的情感决定了文章的感情基调，文章中事物的描写又展示了作者内心的情感。这是我们写作的一条经验，也是一项技巧。我们可以借用景物的描写抒发情感。

我们把这种手法暂且称为"戴有色的眼镜"，"色"即是作者的情感倾向，可能是喜怒哀乐中的任何一种，写作时，戴上这种"有色的眼镜"，看什么都是与自己内心情感颜色相同的了。设想一个作文情景：你在考试中得了全校第一名的好成绩，在回家的路上，你看到的景物如何？有什么样的特征呢？如果是在学校，你被老师和同学们误解了，回家的路上，再看看那些相同的景物，又是如何的呢？就把你的不同发现写下来吧，你会发现相同的景物在你的笔下竟然呈现出了不同的形象，这个记录可作为一个材料保存，当你写相关题材的作文时，就可以引用进去。

那淅沥的雨声

爱听
那淅沥的雨声
怕听
那淅沥的雨声

古苍梧《雨声》

诗人爱听雨声，却又怕听雨声。这是为什么呢？诗人在下文中说明了原因："它总提醒我：我曾是一片云/而我仍然是一片云/我还没有落下。"从而我们知道，既"爱听"又"怕听"雨声是因为"雨声"的提醒与敦促使诗人陷于困惑之中。是继续过这种飘逸悠闲、逍遥洒脱的云的生活，还是随着雨声一起投入到"大海的怀抱"中，去做一番轰轰烈烈的伟大事业，诗人处于两难选择中。一方面，"云"的生活乐趣吸引着诗人，那种无拘无束、无比自由的生活是诗人内心深处一直向往的，但同时，波涛汹涌的征服者的乐趣又在不停地向诗人招手，诗人的雄心壮志唯有在搏击风浪中才能得到更淋漓尽致的展现。这首诗以"爱"和"怕"所构成的微妙、矛盾的心理展示了诗人内心复杂的世界，表达了他的人生观。

该诗的结构与手法对我们的写作有两点帮助：

一是矛盾心理的表现方式。在诗句中以"爱"和"怕"突出矛盾的两端，显示复杂的感情。两句"听"那"淅沥的雨声"是完全相同的，这更衬托出"爱"与"怕"的迥异程度。矛盾的心理我们常见的有既渴望又担心，如写一位等待中考成绩的学生的心理。有既高兴又悲伤，如你要去很远的地方上大学，一方面终于如愿以偿，所以很高兴，另一方面，第一次离开家，又舍不得父母，忍不住悲伤，如此构成矛盾心理。又如失散多年的儿子终于找到了亲人的下落，同时得知老母一年前刚去世，描写当时心理尤为复杂，但悲喜交加是最主要的心理活动。

本诗的另外一个值得借鉴之处就是将心理活动放于篇首，先写矛盾的感受，这样有助于调动读者阅读的积极性。从矛盾的心理切入，而后展示故事的脉络是作文的一种较好的结构。

我从来没有离开过你

现在我才明白：

我从来没有离开过你；

过去的厌恶，

正是由于爱你……

戈壁舟《故乡》

这一节是该诗最后一节。全诗写乡恋，先写1949年之前对故乡的情感是"厌恶"，然后又抒发中华人民共和国成立后对故乡的爱。一恶一爱，相反相成，表现了诗人对旧社会的深恶痛绝，和对新社会的由衷的赞美与颂扬。这是诗人极力想表现的中心思想。另一层面上，我们也可以感知到诗人对故乡的挂念与眷恋的深厚情感，之所以先前会对故乡产生"厌恶"的情感，正是由于诗人对家乡抱有极大的希望与期待，而这些情感无法在故乡的身上得以实现，正所谓"爱得越深，恨得越深"。一句话，深深的厌恶来自深深的爱。

这种情感的叙述具有曲折性。不是平铺直叙对故乡的爱，而是先说厌恶，然后再说喜爱，给人一种峰回路转、豁然开朗的感受。直抒胸臆、淋漓尽致地来宣泄情感的抒情方式固然畅快，但一波三折、含蓄隽永的流露也不失为一种别致的手法。我们在写作的时候，要有一个这样的总的想法，一篇文章情感的抒发不止一种，要习惯落笔之前作一比较和选择，固封于一种方式，只会千篇一律，写作的路子会越走越窄，锻炼用不同的方式表达情感，可作为我们平时练笔的一项内容。

深愧于无以酬报

深愧于无以酬报
田里禾稻不自觉地
将曾栽育它的

阳光与河水

尽都染成金黄色

梁兆安《日暮》

　　一首仅有五行的小诗，却把日暮的场景描写得清新别致，美不胜收。田野里，禾稻熟透了，一大片一大片金黄的颜色，竟将阳光与河水都染成了金黄色。当然，我们知道，实际上这是太阳的余晖洒在田野里、河水里，使稻子更显得金黄与明亮。诗人写成是"禾稻"将"阳光与河水/尽都染成金黄色"，可能是在当时的景色中，完全沉醉于这天地尽染的大片的金黄色，而产生的瞬间的奇异错觉，也可能就是在运用别致的手法中突出日暮的美景。无论是作者一时的错觉还是深思熟虑的推敲，这都不重要，因为在效果上都实现了美的把握。

　　古往今来，人们表现日暮的场景，大多是写"夕阳将世界万物染成金黄色"来形容暮色将至，而这首诗却反其道而行之，不仅将丰收的景象描绘得极富动感，还饶富理趣，烘托出诗人对眼前景物的欣赏、喜悦和满足的心情。诗人把"禾稻"由被动接受"金黄色"转化为主动的释放，成为主动者，给人耳目一新的感受。诗人在这里运用了一种陌生化的手法，即将读者在日常生活中较为熟悉的场景，通过一定形式和手段的重新表述，从而使其与日常生活有所区别、变得陌生起来，以达到对美的展示。对于小诗中的日暮时分，夕阳西下斜照田野的景色，人们在现实生活中都是非常熟悉的。而太熟的景物就可能变得习以为常，人们对它的美往往视而不见，要表现这种美就显得有些困难。采用陌生化手法就是要突出这种美的效应，这是一种技巧，实现这种技巧方法很多，该诗中使用的方法就是把被动变为主动。本来是金黄色的阳光照射大河与田野，"禾稻"是动作的承受者；现在反过来说，是禾稻去实施一个动作，把太阳与大河"染"成了金黄色。打破了人们固有的思维定式，使文章具有了新意。

山，垂一条领带

山，垂一条领带
抖着男子汉潇洒的气派

廖泽川《瀑布》

说起写瀑布，人们会马上想起李白"飞流直下三千尺，疑是银河落九天"那不羁的豪迈诗句。其恢宏的气势历代无人能比，已成为千古绝唱，在写瀑布的史册上立下一块丰碑。但写瀑布的诗仍然是络绎不绝，人们从不同的角度去挖掘瀑布的新意。廖泽川的《瀑布》便是一例："山，垂一条领带"，写瀑布，却不点明，直接把它比作"山"的一条领带，进而对领带进行描述："抖着男子汉潇洒的气派"。这里诗人从迥异于李白所表现的恢宏气势的角度入手，表现了瀑布潇洒飘逸的风度。诗人廖泽川是有智慧的，他回避了与李白相比的可能性，形成了相反的气势。李白是把瀑布写大,写成"三千尺",写成"落九天",从言大的角度来看,李白所描写的已经到了极致。而廖的这首《瀑布》却通过比喻将瀑布写小,写成一条领带,角度不同,却同样具有美的情致。

这首诗为我们提供了一条写作经验:对于前人写过的题材,尤其是已经达到了相当的高度的情况下,试图超越往往是不大可能的,但这并不意味着不能再写这个题材了,我们可以试着从一个与大手笔不同的角度去挖掘,甚至是相反的角度。这听起来多少有点唱对台戏的味道,但无所谓,好的文章就是应该有一种敢破敢立的勇气。并且,美在人们的心中是没有固定指向的,博大浩瀚是一种美,玲珑剔透同样也是一种美,这就是为什么我们在表现美的过程中不必总是沿一个方向走下去的原因。

西部太阳,熊熊运行于时空

西部太阳

熊熊运行于时空

那原是五千年溶汁般的血水泪水汗水

倾泻进一颗民族心的巨大铸型

而浇铸出的辉煌的渴望

章德益《西部太阳》

　　这是章德益《西部太阳》一诗中最后一节，全诗歌咏西部的太阳，把西部太阳的各种姿色描画得辉煌异常，气势磅礴，极具阳刚之气、粗犷之美。最后一节，诗人将西部太阳比喻为一颗民族心的铸型，其中注入的是"五千年溶汁般的血水泪水汗水"，太阳已经不仅是宇宙中给地球带来了光和热的星球，而是西部人民为追求幸福而付出的心血和汗水的结晶。它凝聚着西部历史的辛酸与甘苦。太阳成了生于斯、长于斯的老人。西部太阳成为"一团燃烧的民族魂"，它象征着西部人民不屈不挠的伟大精神。

　　这首诗与其他写太阳的诗不同之处就在于：太阳进入了西部的自然、历史、文化背景之中，成为特别的表现对象。诗中写的太阳之所以与日常我们所见、所感受的不同，原因就在于此。

　　在我们写作文时，可采取这种手法将平常之物放入特定的环境、特定的背景中去写。将特定环境、背景的特点移入到平常景物中，构成他们的主要特征，从而表现自我的情感。如朱自清的《荷塘月色》便是将荷塘置于月色中去描写宁静。

心/容不下一粒沙尘

心

容不下一粒沙尘

总夸言

要包含一个宇宙

吴岸《无题》

在我们写作文的时候，一般来说，文章的题目大多要能够反映出文章内容或点明文章的写作对象。诗歌亦如此。但是在中国诗歌史上也有一部分以"无题"为名的诗，这类诗大多意象朦胧，内涵深刻，具有多义性或者是所言之事不便直说。吴岸这首无题诗便是如此。

小诗仅仅三行，寥寥十几字，但将某一类人的形象刻画得清清楚楚。"心""容不下一粒沙尘"，说明他的心胸极为狭隘，但他却夸言"要包含一个宇宙"，如此夸耀自己就是要告诉别人自己的胸怀是无比宽广的。前后两种描写形成了强烈而鲜明的对比。"一粒沙尘"与"一个宇宙"，小至沙尘，足见其小，大至宇宙，足见其大，两相对比形成强烈反差，刻画出伪善者虚伪的嘴脸。诗人的本意是讽刺和揭露一个道貌岸然的政客，因而以"无题"为名。

事实上，诗中所刻画的人物又极具普遍性，在我们的社会里，在我们生活的周围，这类人大有人在。他们心胸狭窄又大言不惭；他们言行不一、表里不一却又极力地夸耀自己；他们为达到卑鄙不可告人的目的而极力粉饰自己；他们举双手欢迎、支持，内心却嫉贤妒能。诗人的三言两语便将其丑恶的本质揭露得一览无余，让他们原形毕露。诗的语调虽平和，讽刺意味却极强。如果我们想讽刺这几类人的时候，就可以引用这几句，一定会收到立竿见影的效果。

我们还可以根据诗的内涵来进一步引发，如我们可以用这首诗去调侃那些生活中的各种人物：他们腹内空空，没有学识，却总向别人夸耀自己的博学，宇宙内外，无所不知。这是一个喜剧效果的延伸。它减弱了原诗本身所具有的那种讽刺力度，反倒增添了一点生活的幽默效果。

让朝风吹去我浓浓的睡意

让朝风吹去我浓浓的睡意，

用我生命的玉杯，

饮尽早晨的甜美。

蓉子《晨的恋歌》

在《晨的恋歌》中，诗人抒发了自己对自然晨光的热爱之情。早晨的风是清新的，它将浓浓的睡意吹走，让人精神倍爽。诗人渴望有一盏生命的玉杯去"饮尽早晨的甜美"。

"早晨"成了芳香四溢的美酒，沁人心脾。诗人愿意用整个生命去感受，去体味，去享受，足以见诗人对早晨的爱恋之深。

透过诗人对早晨的深厚的情感，我们完全可以感知到早晨的美好，这正是诗人个性所在。诗人并没有直接描写晨景，而是尽情地抒发着自己如火的热恋之情。诗人的这种技巧给我们提供了一种新的角度去表现美好的事物。这种表现方式正好与单纯描写景物不抒情相反，而是以抒情方式去渲染自己的热爱之情，把这个强烈的感受传染给读者，这样读者在阅读过程中也一定能够间接地感受到景物的无限美好。这种技巧适合表达强烈的思想感情，作文中我们可借鉴。

另外，本诗的思想也具有一定的扩展度。

表层意思是赞美早晨；深层是对自己生命的观照，表现出其心灵对生活美的感受，寻找美好事物、美好理想的激情与斗志，同时也可表现出诗人对自己青春年华的无比珍爱之情，感悟到要不辜负早晨大好光阴，抓紧生命中的每一个早晨、每一分钟去实现自我的理想与价值。

正是江南好风景

正是江南好风景：

几千里的绿芜铺成血茵，

流火飞弹消毁了柔梦般的村镇，

耻恨印记烙在每个男女的面纹，

春风，吹散开多少流亡哀讯？

王统照《正是江南好风景》

诗人以"正是江南好风景"为题目，并以该题为首句。按照一般的构思来看，全诗的主题就应该是"江南好风景"。读者也会由题目和首句联想到展现在眼前的是一幅春光明媚、莺声燕语的江南优美的风景图。然而，读者殷切的期望却在第二行骤然落空："几千里的绿芜铺成血茵，/流火飞弹消毁了柔梦般的村镇，/耻恨印记烙在每个男女的面纹，/春风，吹散开多少流亡哀讯？"一连四句描绘出的是一幅血淋淋的、充满了耻辱与仇恨的家园被毁图。这种情景与"正是江南好风景"的画面完全相反，两者形成强烈而鲜明的对比，更突出了战争给家园带来的悲惨景状，让人心碎。自然风景的无限美好在现实中荡然无存。

我们可以进行以下两种情况的比较：一种是诗人采用的写法，一种是开篇直接写受战争席卷的村镇的场景。大家会发现两者感受效果是有很大区别的。原因就在于两者的感受起点的高度不同：前者，诗人首先以一句"正是江南好风景"向读者暗示出一个充满温馨、孕育着生机的画面，当读者潜意识中接受了这个场景后，诗人却将笔触调转，立刻转入刻画令人惨不忍睹的悲惨的景状，从而形成文章情感的高潮，这样就形成了落差极大的悬殊境地。而后一种写法虽然表现的内容与前者是一致的，但是却单纯地把景物放到了读者空白的阅读视野里，即读者在阅读之前，没有获得任何暗示，也就没有任何心理上的期待，所有的场景立刻呈现，虽然同样读者也会受到震撼，但这仅是来源于战争本身，而且强度要低于前者。

在写作中巧妙地设置一个暗示场景以引起读者相应的阅读期待，然后突然逆转而形成的强烈对比，会使故事与情感波澜起伏，突出表达中心，强化感染效果。如在福建一名叫林益凤的同学的《为微笑添光彩》的作文中有这样两段：

> 有一次，我躺在医院的病床上。天是灰色的，我的心也是灰色的，再加上爸爸妈妈那焦灼的目光，我的心变冷了。
>
> 天色越来越暗，我的心越来越冷。突然，从门上传来"啪"的声音，电灯变亮起来，随即进来的是一

位白衣姑娘。她是那样的纯洁，带着微笑走到我身边。她用那温暖的手摸摸我的头，顿时，一股暖流传遍我的全身。……

小作者就是通过心情在遇到护士的微笑前后明显的变化的对比揭示了微笑对于世界的美好意义。并且细致地描写了先前的"天灰心冷"，这样就更突出了微笑的感人至深。

倘若生命都像你一样

倘若生命都像你一样，

不在霜天之下隐退、败落、躲藏；

倘若生命都像你一样，

由黛青变为曙红而不是萎缩、枯黄；

倘若生命都像你一样，

在秋雨中屹立不是萧条、凋零、悲伤；

倘若允许我摘下一片在书页中收藏，

我会懂得如何对待生活的严霜。

孔林《观香山红叶有感》

诗人观赏着北京香山满山遍野的红叶，心生感慨，于是吟咏了这一首《观香山红叶有感》。这也正是我们在写抒情散文时常用的一种手法，即见景生情，由景物的自然属性出发联想到人生，从而发掘人生的哲理。在这首诗中，诗人面对那满山遍野的红叶，又抒发了怎样的情感呢？枫叶红艳如血，璀璨如火，又是在凄凉的秋天里展示这种美丽，人们在这不可抑止的光色与热情中会受到强烈的感染，会感叹枫叶旺盛的生命力与不屈的斗志。诗人孔林也同样地感受到了这种强烈的情感，但，他又不囿于这个习惯的模式之内，他由此思及生命的状态。全诗就是从此入手表达情感的。

在诗中，诗人描述了枫叶的坚强，在万物凋零的秋天不但不萎缩，反而变得火红，"不在霜天之下隐退、败落、躲藏""由黛青变为曙红而不是萎缩、枯黄""在秋雨中屹立不是萧条、凋零、悲伤"。诗人在描述枫叶的同时，又把它同其他的"生命"相对比。

就诗人表达的内容与情感而言，并不是极为新颖的，但在手法上却有着独特之处。全诗运用四个"倘若"引导的假设分句并列构成全篇，新奇的是诗人并没有指出每个假设的结果会如何，只有最后一句，诗人才以"我会对懂得如何对待生活的严霜"结束全文。这种假设句式的运用使全文韵味十足，正面的假设包含着反面的提醒，"倘若生命都像你一样，/不在霜天之下隐退、败落、躲藏"则意味生命事实上并未如此，它们常常在霜天之下"隐退、败落、躲藏"，意义表达得含蓄而深刻。并且，假设句的排比，语气婉转而又真挚，一层层地把情绪推向了高潮，表达出诗人热烈的期望之情。这种表现手法对我们作文有一定的借鉴意义。

想起堤岸上，我们一排儿坐

> 想起堤岸上，我们一排儿坐，
>
> 流金万点，是月影掉下江波，
>
> 你们挨次说，我静静地听着，
>
> 静静地睡着，望天上的星河。

何其芳《想起》

这是何其芳的早期诗作，大约写于1931年，当时，他被清华大学开除（因为被查出没有高中毕业文凭），暂时寄宿在北平朋友处。在求学受挫，滞留异乡的困境里，诗人多愁善感的心不免是寂寞的。一首《想起》勾起对无数美好往事的回忆。

夜晚，与伙伴们并排坐在堤岸上，看着洒在江面上的点点月光，大家轮番说着开心的事情，听着听着，竟迷迷糊糊地睡着了。这情景是多么温馨，多么惬意，又多么令人回味呀。这就是诗人在北平受挫，心情郁闷时所想到的情景。

诗人的感觉是敏锐而细腻的。他表现的是当时处境中自己内心的感受，但同时这也是人类共同的情感。人在面对不如意的境遇时，常会回忆以前生活中美好的事情，哪怕是很久以前的，此刻都会涌进脑海中，就如同电影一样一个镜头一个镜头地连接在一起，事件之间可能有一定主题联系，也许什么联系都没有。我们写作文，事实上就是以人为主体，写人的思想、情感、立场。因而把握人的情感的各种反应是必要的，它是写作的基础。诗人何其芳给我们提供了这方面的经验。只要我们细细欣赏诗的内容，就会明白诗背面隐藏着的作者当下的愁苦与孤寂的内心感受了。

由此，我们在描写人物内心悲伤痛苦时，可以直接渲染这种痛苦的心境，这也是通常我们习惯使用的手法。也可以按照该诗这个思路，通过人物回忆过去种种美好的事情来反衬当下的愁苦，如为突出一个人的孤单寂寞的感受，我们可以描述他的一段心理活动，写他回忆和好朋友一起去旅游时的情景，一起在月夜下海阔天空地聊天，或者与朋友争论得面红耳赤的经历。然后转入现实，"环顾四周，空荡荡的大街上，只有我一个人"，这样两相反衬，可以更突出人物的孤单寂寞的感受。

乡愁是一枚小小的邮票

小时候

乡愁是一枚小小的邮票

我在这头

母亲在那头

……

余光中《乡愁》

思乡，从古到今都是在外游子与不归旅客情感上的隐痛和症结。思乡的诗更是层出不穷，在现代诗歌中，余光中的这首《乡愁》可谓家喻户晓，广为人知。全诗如下：

小时候
乡愁是一枚小小的邮票
我在这头
母亲在那头

长大后
乡愁是一张窄窄的船票
我在这头
新娘在那头

后来啊
乡愁是一方矮矮的坟墓
我在外头
母亲在里头

而现在
乡愁是一湾浅浅的海峡
我在这头
大陆在那头

它吟遍了海峡两岸，触动了几代人怀乡的情思。全诗平白如话，毫不晦涩的语句后面却蕴含着发自作者内心深处的真挚的情感。这种情感直涌入读者的内心深处，挑动着最脆弱的神经。

"我"少小便飘流在外，开始了乡愁追逐的日子，一封封书信填不满母亲牵挂的心，长大了，往来的一张张船票解不开妻子的思念，安慰自己再等一等吧，不想等到的却是母亲的故去……乡愁隔断了母子，隔断了夫妻，隔断了海峡两岸。一生的期待堆积着一生的乡愁，在人生四个时间跨度中，人由少年变成老者，乡愁却始终不减。中国有句古话叫"叶落归根"，老人最后的这点心愿也在乡愁中苦苦地煎熬着。

可以说，现代诗歌写"乡愁"的诗中，这一首诗当列榜首，常常在各类文章中被引用。我们写作文碰到"思乡"的题目时，也可以引用，以引起大家的共鸣。在涉及有关海峡两岸统一的题目时引用，如果是抒情类的，引用这首诗可以渲染感情；如果是议论类的，引用它可说明两岸统一，顺乎民心，合乎民意，这样既能在情感上作为一个例证，增加论证力度，又使文章不生硬。除了情感上的真挚的特点外，整首诗在结构上的特点也值得我们在作文中运用。小诗以时间为顺序抒发情感，结构全篇，既突出了思乡之情的悠长，又使小诗结构清晰，脉络分明，四个时间也正是四节诗的根据和顺序。这个结构可作为我们写作的一个结构模式，以时间发展顺序为线索一步步展开，这在记叙文中最常见。

KEWAIYUWEN
YINGYONGXILIE

景物的描绘

高峰和高峰竞走

高峰和高峰竞走，

相接而又相离，

滚滚的泻着

奔飞的河；

而米色的鹿在那儿游戏。

冯雪峰《米色的鹿》

这首诗是诗人被囚于上饶集中营时写下的，是一个被囚禁的灵魂，透过铁窗仰望星空所生发的奇异的想象。无疑，"米色的鹿"成了作者情感的寄托者、志向的阐发者。这只"米色的鹿"畅游在大自然的无限风光中，显示着不畏艰难、不知疲倦的蓬勃向上的生命力。

高峰和高峰竞走，

相接而又相离，

滚滚的泻着

奔飞的河；

而米色的鹿在那儿游戏。

森林的尽头，连接着陡峭的悬崖，

下面是深不可测的沟壑；

而米色的鹿一跃就越过！

在传达这种意义的过程中，诗人所运用的手法也是独特的。诗人首先写了高峰和高峰间的参差，相接又相离，又写江河的滚滚奔涌之势，突出了险要的地理环境。米色的鹿处于此景之中，要想生存下来，就得小心翼翼，丝毫不能放松警戒，否则就会死去，而诗人却写"鹿在那儿游戏"，"游戏"便是一种轻松的面对，游戏所显示的是鹿对危险的不在意。这样两句诗形成了对比。前面是张，后面是弛，一张一弛，令人叹服。而后，又是一处对比，"陡峭的悬崖，深不可测的沟壑"描绘出一个更为险恶的景致，但勇敢而自由的"米色的鹿"却"一跃而过"。两相对比将意义层层加深，将"米色的鹿"的勇敢，傲视生命中一切的艰难困苦的姿态表现得淋漓尽致。

对比，在写作中是一个常用的技巧，通过两种情况的对比会达到增强感染力，加深表现力度的效果，但是对比要有深度。就如这节诗中，"峰"不是绵延起伏的，而是"相接而又相离"的；"河"不是静静流淌，而是"滚滚的""奔飞的"，这些都是在突出其"险"。鹿在这样的环境下生存就足以显示出其勇敢，但仅仅写生存诗人觉得还不够，而是说鹿在"游戏"，这要比"张望""生存""跑过"所展示的力度强得多。这就再次突出了鹿的勇敢。它给我们作文的启示在于，在描写对比的两种情况时，每一种都要尽可能地渲染，在两者相应拉大距离而造成强烈的对比效果中，作者想表达的意思不言也自明了，甚至语言所不能直接表达出来的意思读者也在阅读中领悟了。正因此，我们在写人物的精神可贵时，会写他在条件艰苦的逆境中不懈奋斗，忘我工作，来突出其伟大的人格力量。而在平静顺利的环境中，人与人的表现没有太大的差别，无法突出人物的精神。所以，要以环境和人物对比的手法，也就是把人物放在困境中去展示他的精神状态，这是写人物常用的表现方法。

一卷烟，一片山，几点云影

匆匆匆！催催催！

一卷烟，一片山，几点云影，

一道水，一条桥，一支橹声，

一丛松，一丛竹，红叶纷纷。

徐志摩《沪杭车中》

这首诗是作者在离家五年后重返故土在火车上的所见所感。对故乡沿途的一草一木都怀有丰富而亲切的情感的他，再次看见故乡的景物，他的心情自然无法平静。

诗的起句"匆匆匆！催催催!"犹如车轮转动声，又是火车行进的速度。在火车的匆匆行驶中，所有的事物来不及细看，也匆匆掠过了，而即便是飞快的一瞥，却也是那般熟识，也都被诗人一一记录了，无论是烟、山、云，还是水、桥、橹，抑或是松、竹、叶，都能勾起诗人对往事对故乡点点滴滴的记忆。

本诗艺术上最动人之处在于对景物的描写不是精雕细琢，刻画入微，而是不加粉饰，随手拈来，但却更具有生活的本色，平淡而真诚。这为我们的作文情感表达提供了又一种方法。诗中即使是平常的景物的*丝丝缕缕*也都渗透着诗人对故乡的无限眷恋之情，不管烟是浓是淡，也不管山是陡峭还是绵延，诗人都不会在意。在诗人眼中，那都蕴含着无法超越的美和情感。诚然，我们可以认定这种写法是因火车特定的环境所使，但我们也应该考虑到作者有这种构思的可能性，即抓住几种简单的事物进行回忆、想象和联想，不加修饰，同样能显示自己内心的深情，一切渲染似乎都是多余的了。之所以不加感情地将众多平常事物排列开来，不能不说是因为作者思乡情感的深厚。

因而，在作文的情感的表现中既然可以通过精致细腻的描写来渲染内心深厚的情感，平常中也可能更见深情。

满山是野草的清香

> 满山是野草的清香，
> 满山是发光的新绿，
> 满山是喧闹的小溪。
>
> 李瑛《雨》

现实的经验告诉我们：美好的事物总是能够调动起我们全身的各个器官，并为之振奋。例如，如果身边正放着一段美妙悠扬的音乐，我们会闭上眼睛，侧耳倾听，有时还会手舞足蹈。不仅如此，孔子说过美妙的音乐会让人"三月不知肉味"，看来，就连整个身心都陶醉了。既然我们的生活中有这样的审美体验，为什么不将它信手拈来写入作文中，作为一种写作的技巧呢？其实任何一种技巧都是源于内心的感受的积累与沉淀，将表达真实感受的方法分门别类，形成各自的样式就是技巧。因而技巧也在于积累。李瑛的《雨》开篇一节正是将各种知觉统一起来表现事物的美妙的创新之处。通常我们写山中之雨往往首先见其形、色，能同时注意到它的声音已经算是感觉很敏锐、很发达了。诗人在这里，则同时调动了嗅觉、视觉、听觉，第一句"满山是野草的清香"强调的是雨的嗅觉效果，第二句"满山是发光的新绿"强调的是视觉效果，第三句"满山是喧闹的小溪"表现的则是听觉效果。诗人把视觉、听觉、嗅觉综合在一起，把别人忽视的感觉强调了，尤其是嗅觉，开篇第一句便切入嗅觉。很多人会在雨后打开窗户的一瞬间闻到被雨水滋润过的野草的清香味，但却忽略不提，单被接下来的小鸟的鸣叫、溪流声和翠得发亮的绿色吸引住了，便忘记了芬芳的味道，写雨后的作文中也少有提及。但是别人所未写过的新鲜感觉，并且也是人们真实经历过的感受成为你笔下突出的重点，这就是你的作文高于别人的地方。我们在写作文时，也要把景物放在视觉、听觉和嗅觉的三维立体构架之中，形成一个统一的结构，这样会给读者耳目一新的感受。

森林抱住一个月亮

森林抱住一个月亮，

针叶撒出万缕青光；

一串串明明朗朗的珠宝，

一串串星星，挂在树枝上。

傅仇《夜景》

这是《夜景》开头一节，描绘了森林的夜景，将明月下森林的动人姿态一览无余地呈现出来。

这首诗美妙之处不仅在于展示了现实中森林的夜景的美，还在于展示这种美所选用的艺术方式的独具匠心之处。

第一行"森林抱住一个月亮"中一个动词"抱"就把森林月夜中静寂、幽深、没有生气的气氛打破，化静为动，变无情为有情。本来，"明月"与"森林"距离遥远，关系极为简单。大多数人写的时候会选择"照"字，以显示两者关系，而诗人却用"抱"字，并且是"森林"去"抱"，一下子，变森林为主动，增添了不少动的韵味。而后"撒出"一词紧紧呼应，意境紧承上句，并且内容上有所发展："抱住"是收，"撒出"是放，"一个"是少，"万缕"是言其多。两句诗又展示了森林的神奇。这样写诗人觉得还不够，接着又以"珠宝"作喻，第四行中"一串串星星，挂在树枝上"，既可理解为实写"星星"，也可以看作是月光照树梢，显现出的闪烁不定之状。不论是哪一种，都妙趣横生。可见，这一节用简洁的笔墨画出了森林月明之夜的无限美景。

全节诗中最突出之处就是化静为动。一般来说，作文中"动"要比"静"好写得多，大家在创作经验中一定会有同感，但诗人却抓住静景中的动处，抓住它极力刻画，把静景描写得充满了动意。这样我们在写以"静"为主的意境的作文时，就可以学习该诗中用"动"来显示"静"的意境。如写月夜中的蛙声，就是静中取动；也可以用这种方法去描写夕阳，把一幅较为深沉的静谧的图画转成动感的画面，只要我们抓住动的景物，或让人能够联想到动的意境。"夕阳在渐渐落下的过程中人的影子慢慢变长"，就抓住这一点，说是"被夕阳拽住不放，拉长了一段又一段"，这样能够显示夕阳的调皮，也可以显示夕阳的不舍，使句子具有生动的情趣。

耳边传来了你有力的呼吸

......

摸着潮湿的衣角，

触到了你的体温，

深夜醒来，

耳边传来了你有力的呼吸。

臧克家《海》

　　写景物，可以从不同的角度去写，也可以综合几个角度一起去表现这个景物。臧克家的《海》便是一个调动了各种感官去感受海的例子。

　　诗的第一句"从碧澄澄的天空，/看到了你的颜色"，通过视觉把握了海的颜色，诗人虽没有说"大海是碧澄澄的"，却从天空看到了；"从一阵阵清风，/嗅到了你的气息"，以嗅觉感受大海；"摸着潮湿的衣角，/触到了你的体温"，"摸"和"触"说明从触觉方面写对大海的感受；最后一句，"耳边传来了你有力的呼吸"则是通过听觉写大海。最妙的是前面一句："深夜醒来"，则表明在经过了很长时间体味大海之后，诗人对大海还是满心的眷恋，即使是深夜醒来，迷迷糊糊中竟还能感受到海的存在。我们甚至可以想象得到，在诗人的梦中，或许海不知重复出现过多少遍了吧。

　　如果有一件东西，让你五官都为之兴奋，都可以感受到它的存在的话，会怎么样？它一定会给你深刻的印象，马上记住它的，对不对？如果你欣赏一件东西，不仅用眼，还用耳、用鼻、用身体去感受的话，说明什么？你一定是对它充满了好感或者寄予了深厚的感情！从这两种逻辑来看，调动五官去写景物，给读者的印象要比用单一感官深刻得多，领会的效果也会更好。所以我们在写景的文章中，如就《夏日的夜晚》这个题目的构思来看，我们就可以用五官去描述：看见的是满天的星星；听见的是蛙声不绝；闻到的是花草的清香；触摸到的是习习凉风。

她占领了整个的春天

她占领了整个的春天，

用她的红：

一种不可抵抗的红；

一种铿铿的红。

纪弦《杜鹃》

凡是见过杜鹃花开放的人都知道：杜鹃一开会红遍满山，所以它又叫"映山红"。每年四月春天刚来，杜鹃便用灿烂绚丽的花朵把沉寂了一个冬天的大山打扮得花枝招展，并且，它的花期也比较长，所以有很多人会采来一大束插在大大的花瓶里装点自己的居室，也有人将它提前栽植在自家的园子里，诗人纪弦便是如此。当他看见园子中的杜鹃怒放的时候，他的心情也如花朵一样灿烂，于是欣然记下了这个愉快的生活场景。

开头第一句"她占领了整个的春天"，就这一句足以显示出杜鹃花是胜利者，是春天的胜利者，"占领"用得尤显其义。并且作者把杜鹃当作一位女性用"她"字来写，更透露出杜鹃的可爱。于是，我们知道，此时的春天，再没有其他的花了，因为她占领的是"整个"春天，而不是"一角"！然后，诗人点出杜鹃的武器："用她的红"，什么样的红？"一种不可抵抗的红"，不仅如此，这种红还是带着响声的"铿铿的红"。正因为这种红，杜鹃才占领了整个春天，成为"映山红"。

我们不得不赞叹诗人的描述如此奇妙，给人的感受既熟悉又新鲜。

当我们面对漫山遍野火红的杜鹃的时候，我们常常被这种美景所吸引，沉浸其中，乐不思蜀。我们是否会在欣赏之余去回味这种美丽，去描述这种惹人爱的美丽，向你的朋友和亲人讲述这种"铿铿"的红色呢？现在不要求你去构思一篇规范的作文，而就是作一次记录，其中包括你看见的、你感受到的以及最能打动你的杜鹃花的特点。可以写杜鹃的红，也可以写她的繁茂，或许还有其他的，把这些写下来，看一看是什么效果。那就是一篇真情实感的描写"杜鹃"的作文了。

太阳向我滚来

从远古的墓茔

从黑暗的年代

从人类死亡之流的那边

震惊沉睡的山脉

若火轮飞旋于沙丘之上

太阳向我滚来

艾青《太阳》

艾青的这首《太阳》气势非同一般，它不是那欢呼声中的跳跃而来的海上日出，也不是逐渐黯淡引人感慨无限的夕阳西下，它写的是充满悲壮情调的太阳。

"远古的墓茔"是指遥远的死亡的空间，"黑暗的年代"是逼近死亡的时段，"人类死亡之流的那边"是陷于死亡中的境遇，与人类穷途末路的困顿和绝望。虽然题目是"太阳"，但太阳还未曾露面之前，扑面而来的便是"死亡"和与"死亡"同义的词句，从空间到时间，又从时间到时空交错的不断重复，无疑已营造出沉重的气氛，并且诗人在句式上采用了排比，"从……从……从……"使得气氛渲染得更加浓郁，内容与形式的浑然一体烘托出强烈的氛围。

"震惊沉睡的山脉"又间接写出太阳的悲壮，可见来势的凶猛。接着，"若火轮飞旋于沙丘之上/太阳向我滚来"，一个比喻将太阳的出现写得势不可挡。它冲破了各种死亡与黑暗的时空，滚滚而来的气势"震惊沉睡的山脉"，暗示了太阳会冲破一切苦难将光明送给我们生存的这个世界。

悲壮、显赫的气势的营造是该诗的成功之处，也是我们应吸收、借鉴之处。在营造气氛时，首先要渲染主体背后的环境，可以运用诗中所用排比句式，也可以用反复、层递等手段来渲染背景色彩。这种烘托与渲染是第一步。第二步可以写主体对周围的影响，如诗中所描述的"震惊沉睡的山脉"，从而突出强劲的气势，第三步也就是最后一步，让主体出场，再对主体进行细腻而深刻的描绘。这样，就将主体的气势烘托出来了，整个气势也就成功地完成了。

致秋空

你以无限奥秘的蓝色覆盖着我，

覆盖着梧桐和大地：

倾听你无限奥秘的蓝色催眠歌，

我遂徐徐地阖上沉醉的眼；

……

路易士《致秋空》

本诗作者路易士也就是台湾著名诗人纪弦，这首诗写于20世纪30年代，描写了扬州秋夜的景色，全诗展现出秋天的夜晚里那种令人沉醉的静谧与安详的情趣，全诗如下：

你以无限奥秘的蓝色覆盖着我，

覆盖着梧桐和大地：

倾听你无限奥秘的蓝色催眠歌，

我遂徐徐地阖上沉醉的眼；

梧桐树沉醉于你的歌声，

不停地摇着她的金色的肩膀；

于是，这个灰色而无言的大地，

也快入睡了。

蓝色的夜空异常深沉，仿佛拥有无限的奥秘，仰望夜空，常让人浮想联翩。整个夜空如巨大的手掌"覆盖"着这个世界，诗人倾听着如歌的天籁，内心无比欣慰。闭上眼睛，沉醉在这茫茫的夜色中，心旷神怡，尽情地享受这无限美好的夜色。诗人觉得在这浓浓的夜色中就连梧桐树也体味到了其中的无限美好，才会"不停地摇着她的金色的肩膀"，而"大地""也快入睡了"。

诗人将秋夜之美描绘得令人陶醉，使人向往。在实际的写作中，同学们都会有这样的写作体验：热闹好写，写市场上熙熙攘攘、人声鼎沸，往往一下笔就可以写二三百字，而碰到描写"寂静"气氛的题目时，就感觉到无处下笔，没有东西可写，抓不住具体的景物。因为"动"可以表现到不同事物身上，可谓千姿百态，而"静"的物理印象都是相同的，重复的描写总有"画蛇添足"之嫌。该如何表现"静"？诗人纪弦充满深情的描写完全可以作为写"静"的一篇范文，把它改成散文形式将原有意境表达出来，就可以成为一篇好的文章。

写"静"时，其实可以转化成写内心的感受，通过内心静静的情怀，来反衬静的气氛，用"静"的心情去感受周围的事物。从这个角度写，就不会觉得无物可写、无话可说了。《致秋空》中直接写夜空的只有第一句"你以无限奥秘的蓝色覆盖着我，/覆盖着梧桐和大地"，而后便写我对此的感受："倾听""沉醉"，然后以这种心情去感受周围的"梧桐"和"大地"，得出"梧桐""沉醉"与"大地""入睡"的感受。

碎碎的絮花，像细雨飘洒

古槐的浓阴下，

碎碎的絮花，

像细雨飘洒，

银河泛漾金花，

流着年轻的夏。

方敬《夏晚街景》

　　细细品味这一节诗，总觉得品味不够流淌在字里行间的诗人的欢愉之情，这种感情从诗中流出，流向了读者，同时也在感染着读者。"浓郁"的古槐在夏日里撑起一把大伞，绿意盎然，郁郁苍苍，如大手抚摸着树荫下乘凉的邻居；微风中的花絮如细雨般飘飘洒洒；天上的星星像眼睛一样眨呀眨，又像银河中跳动着的金色水花，激起了夏天像年轻人一样的热情。所有的一切都沉浸在夏天晚上的凉爽与静谧中。整首诗流露出的安详的氛围，令读者不禁徜徉其中，乐不思返。

　　诗中色彩绚丽：树荫的浓绿，点点白花，金色的星星，白亮的银河，还有夏所包含的一切颜色。灿烂多姿的色彩给人以欢快的感觉，用绚丽的色彩表达欣喜、快乐的心情和气氛也是我们作文易于琢磨与借鉴的。

　　如我们写郊游欢快的心情时，就可以从景物的色彩入手，通过景物来衬托心情：蔚蓝的天上点缀着几缕白云，绿色的草地张开温暖的怀抱，将绿色的风送来，红色的、黄色的、紫色的、粉色的花拥挤着围拢着我们的前后左右……写海上中午时的色彩：蓝色的海面跳跃着金色的波光，白色的沙滩捧着红红绿绿的帐篷……面对这样的色彩，无论是郊外还是海滩，都传达出一种溢出心间的快乐，即使作者不再正面写自己快乐的心情，读者也早就心领神会了。所以大家写作文时要敢于给作文涂抹快乐的颜色来表达快乐的心情。

你却繁花似锦/清香凛冽

漫天风雪

深山寂寂

万木萧萧时

你却繁花似锦

清香凛冽

墨人《梅》

梅，落叶乔木，盛开于冬春寒冷季节，这一生长特性使"梅"倍受人们瞩目，因而咏梅诗也竞相发表。墨人的《梅》便是其中的一首。引文为小诗的第一节，其内容就是写在冰天雪地中，万物凋零的时刻，唯有梅傲然挺立，将满树的花呈现在漫天风雪中，呈现在万木枯寂的山中。就其内容而言，并不非常新颖，但小诗的表现方式上所采用的渲染环境以突出事物可贵之处的手法，这一点对于内容的表达和作者情感的抒发有着极大的表现意义，同时这也是我们在写作文中常用的一种方法。

小诗以"梅"为题，开头处却没先写"梅"，而是着力突出"漫天风雪/深山寂寂/万木萧萧时"，这是梅的生长环境。其中，"漫天风雪"点出具体的时间，正处于严冬，正是大雪纷飞的季节；"深山寂寂"指出地点是寂静无声的大山里；从"万木萧萧时"这一句我们可以看出周围的其他的植物都早已凋零。三行诗交代出了时间、地点以及周围其他植物的状况。诗人描述了周围情况之后，用一个转折点出"梅"："你却繁花似锦/清香凛冽"，既描写了梅开放的姿态，又与前面的"万木萧萧"形成鲜明的对比。就文字的数量相比较而言，写环境的笔墨明显要多一些，似乎有喧宾夺主之嫌，但是事实恰恰相反，环境的渲染正是为主体的出现而服务，两者的关系是环境渲染得越浓烈，就越能突出梅绽放的难能可贵。这样，就为下文抒发对梅的高贵品质的赞美之情奠定了情感基础。所以说，渲染环境其实就是在间接地写主体。根据这种写作逻辑在我们写表现"小草顽强生命力"的作文时，就不会把夏天草地上的一棵小草作为主体，而是要去写那生长在岩石缝里或悬崖峭壁边上的一株小草。它在深秋的风霜中独自顽强地生长。设置这样的背景，才能更突出小草生命力的顽强与坚忍。相反的，我们一味地去赞美那些夏天花园里的草，对于表现"顽强生命力"的主题是毫无力度可言的。

同样，我们在赞美一个运动员的刻苦时，会经常说他"夏练三伏，冬练三九"，其意义也在于此。

流水渐濯我情怀清浅

流水渐濯我情怀清浅

青林渐染我生命新欢

辛笛《熊山一日游》

　　这是诗人辛笛在1948年春游览纽约市郊外的熊山时所作。诗中描述了熊山的寂静、幽深之美，辛笛称之为"幽居"。这种静谧的美荡涤着诗人的内心世界。流水清澈见底，淌过脚下，渐渐地诗人的情怀似乎也被流水濯洗过一样，清澈得没有了烦恼。树林绿意盎然，呈现着活力与激情。在林中漫步，渐渐地心情欢愉起来，发觉到生命中已久违的喜悦之情。我们可以看出，作者的游览之情起初并不是欢快的，相反却似乎有种无法摆脱的惆怅。而当诗人见到流水、青林之后，被"渐濯""渐染"后，内心情感发生了巨大的转变。

　　诗人情感的变化与景物有直接关系。以前我们说写抒情的文章常采用借景抒情，即把自己已存在的情感借助眼前的景物抒发出来。而这首诗则显示了另一种逻辑，即景物能改变情感，产生甚至与原来相反的情感。这其中传达出景物的主动性作用。新的情感是源于眼前的景物。因而在生活中，在心情不好的时候人们常常选择出去走走、去旅游的做法。作文中，写人的情感变化时，也宜采用这种表现方法。与借景抒情相比，它更突出景物的特征。因而，我们又可以把它归入写景的一种方法，用人的情感变化、波动来突出景色的动人之处。示例如下：

"考试成绩出来了，结果令我异常沮丧，我一个人走在回家的路上，无精打采的，索性坐在路边看来往的行人，却在低头的一瞬间，发现刚刚发芽的小草！它们的头上还顶着去年的枯草，但到底还是拱出春天的颜色了：嫩嫩的，显示着强盛的生命力，那一刻，我沮丧的心情竟不翼而飞，发现了这生命的颜色，我感到无比的惊喜，我被小草感染着，仿佛自己也是那一棵小草，在努力而欢欣地展示着自己……"

这个例子只是列举了一个思路，同学们可以再进行扩展，尤其描写小草的一段，还可以再进行渲染，突出小草的生命力，以此改变着"我"的心情。

用自己的脚开辟道路

牵牛在野地里蔓延，
用自己的脚开辟道路。
……

严辰《牵牛》

牵牛花，在自然界中极为普通又极具个性，它不断地向上攀登，寻找生长的可能，严辰的这首《牵牛》便是基于这种情感吟咏牵牛花的。全诗如下：

> 牵牛在野地里蔓延，
> 用自己的脚开辟道路。
>
> 早晨，它张开粉红色的口，
> 向蓝天唱着无声的歌。
>
> 没有芳香，颜色又那样素淡，
> 它却有着它纯朴的美。
>
> 谁把它摘下，就立即枯萎，
> 它只惯在野地里自由生长。

在漫漫原野上，牵牛花随意生长，用自己的脚开辟着道路，迎来自己的新生。尤为可贵的是牵牛花具有积极向上的态度：每天早上它们"张开粉红色的口"，仿佛在向蓝天唱歌，虽然没有声音，却奏响了一曲生命的乐章。它像小草一样没有浓郁的花香，没有参天的树高，但它却以自己的素雅、清淡的纯朴之美装扮了人间。尤其在小诗的最后一节，诗人强化了这种生活的态度："谁把它摘下，就立即枯萎，/它只惯在野地里自由生长。"一语点破牵牛花热爱自由的个性，并且流露出牵牛花认可用生命去捍卫这种自由的决心。生命诚可贵，自由价更高，显示了不自由毋宁死的勇士的精神。

牵牛花由此成为追求自由、热爱自由的象征；它也代表积极乐观向上的生活态度，以及与生活作不屈斗争，用自己的方式开辟着生活道路的强者形象。这些都是从牵牛花的身上挖掘出来的，也是我们在作文中可切入的各种角度。

在我们的作文中，要歌颂具有以上精神、品质的人物时，我们就可以把他们比喻成牵牛花，借牵牛花品质来赞美人物。在行文结构的设计上，我们可以开门见山地点出牵牛花，写牵牛花的自然生长特性，由此想到严辰的这首《牵牛》中的诗句，进而歌颂牵牛花的品质，而后联想到你要写的人物，两者相对照，可表现出人物的可贵品质。也可以直接写人，用牵牛花的成长作为背景，从而进行环境的渲染和烘托，与所要歌颂的人物构成一幅动人的和谐画面，人与景物相映成趣。

爱每一个美好的生命

......

爱每一个美好的生命，

不论高枝低叶

即使一棵干瘦的小草，

也赠它几滴甘液。

管用和《露珠》

诗人描写露珠，主要是抒发了对它的纯洁与爱心的赞美之情，虽然生命短暂，但心灵纯洁，对任何一个生命都付出爱，"不论高枝低叶"，露珠都会将点点滴滴洒在它们的身上。全诗如下：

> 心地明彻，
>
> 肝胆映日月，
>
> 短暂的一生，
>
> 纯朴光洁。
>
> 爱每一个美好的生命，
>
> 不论高枝低叶
>
> 即使一棵干瘦的小草，
>
> 也赠它几滴甘液。

在诗人的笔下，露珠是美的化身，爱的化身。从这小小的露珠身上，看到的是一种崇高而伟大的人格，我们可以把它具体化为以下几种情形：

纯洁，真诚，洁身自爱，表里如一，不含一点虚伪和矫情；

博爱，珍视每一个生命；

心地善良，平等待人，不轻视任何一个弱小者；

用自己短暂的生命去关心爱护帮助周围的其他人。

于是我们由此联想到许多历史人物：周恩来、冰心、雷锋、鲁迅……

同时，露珠所代表的美好的精神也是我们这个社会拥有和需要的。在写上述主题的作文时，我们可以把写露珠的语句转借来写人，如："心地明彻，肝胆映日月"以示真诚；"爱每一个美好的生命"以示博爱和平等；"短暂的一生，纯朴光洁"以示纯洁、善良。每个语句都富有美的意蕴。

这首小诗正像一滴露珠，晶莹剔透，五光十色，或许其中还有我们可采撷的精华，等待大家慢慢咀嚼。

难老泉

我仿佛感到碧玉泛清凉，

难老泉深深向山下流淌；

我仿佛见翠羽相冲撞，

绿莎萍轻轻在水底摇晃。

公木《难老泉》

写景物的文章，可以直接描绘景物的色彩、声音、形状等物理特征，作者用"眼"细致地观察，而后用"笔"细腻地表现，将景物生动、逼真地呈现在读者的面前。这是较为常用的一种。还有一种表现方法，是用作者的感受来描述，传达出景物所诱发出的迥异的感受，在感受中去体味景物固有的韵味。公木的《难老泉》便是这样写的。难老泉流淌的情景，诗人并没有作细致的正面描写，而是以"我"的感受为着眼点，写"我仿佛感到碧玉泛清凉"。"清凉"是我对难老泉流淌时的一种亲身感受。"我仿佛见翠羽相冲撞，/绿莎萍轻轻在水底摇晃"，还是以感觉入手。诗人没有具体写难老泉的各种物理性质，但读者完全可以凭诗人以感觉传达的各种信息进行想象，勾勒出难老泉那晶莹、碧绿的深沉与剔透。

下一节中诗人写道："心地纯净得了无纤尘，眼睛晶莹得浓夜闪光——"这些都不是直接写难老泉的，却处处表现了难老泉的景物特征，正因为难老泉"了无纤尘"才使诗人感受到"了无纤尘"，同样，"晶莹得浓夜闪光"也是难老泉给诗人的感受。

以感受写景物是一种曲折的表现方式，它传达的内容往往并不如直接描写那样清晰、透彻，但其包含的意境和韵味却是直接描写无法比拟的，当然其语言技巧要求更高，必须能清晰地传达自己对景物的感受，这种感受传达的清晰程度决定了文章是否成功。这是写作中一种要求较高的技法，它不仅要求作者要有敏锐的观察力和感受力，还要有精彩的语言表现力。

你幸福，因为你勇于牺牲

你幸福，

因为你勇于牺牲；

为了花常开，叶常青，

你撒尽了化为泪雨的生命！

白桦《云南的云》

云南的云，在诗人眼中别具情趣，具有无数美好的特征："你透明""你快乐""你自由""你幸福""你美满""你也是痛苦的"，饱含着诗人的真挚的情感。

该诗新颖之处在于将深刻的哲理寓于美好的景物之中，写"快乐""自由""幸福"的诗文很多，写云的美丽的文章也很多，但是将两者联系在一起，写云的"快乐""幸福"的却很少。诗人就是发掘出两者的内在意蕴并联系起来，用"云"来阐明生活的道理。这个角度较为新颖，对我们作文也有借鉴意义。

就诗的"你幸福"一节，我们作一简要的分析。诗人将雨喻为泪，把云变成雨消散的过程说成云牺牲生命无私奉献的经历，使云具有了奉献的意蕴。事实上，这也是在赞美具有奉献精神的人，赞美那些把奉献与牺牲当作人生最大幸福的人。

在作文中，我们可以借"云的幸福"去歌颂人的精神与情操；我们也可以借鉴借物说理的方式，抓住一个景物的特征，去阐发深刻的哲理。如写秋天的天空澄明高远，大地一片收获的景象特征，借以阐述宽广的天地中才会有成熟的果实，才会有收获。借以引申出人要有宽广的胸怀，才能包容失败，才能最后获取成功……

雪

啊，你沉静的来客，
使花鸟无语，自然守着他的寂寞；
你既安详而羞涩，你怕照见灯火，
你躲开太阳的殷勤，他的贪婪地搜索。

玲君《雪》

　　大雪落下，花草凋零，小鸟也躲在巢里，不敢出来，只剩下整个一片白茫茫的天地，没有一点声响。面对此情此景，你有何感想？如果让你写这种雪落之后的景色，你会流露出什么样的情感？是悲伤还是欣喜？抑或有一点寂寞？我们不妨先来看一下诗人玲君的《雪》中的一节。一个"沉静的来客"便流露出了作者的情感，她把"雪"当作一位好静的客人。于是，我们可以联想到"有朋自远方来，不亦乐乎"的生活经验来，可以推想诗人此刻也一定非常高兴吧？这位客人"既安详而羞涩"，甚至"怕照见灯火"；"躲开太阳的殷勤"，因为"他的贪婪地搜索"。在诗人眼中，雪怕光，下雪时的"花鸟无语"都是那么美好。而在现实生活中，我们极为熟悉的是：雪在阳光下易融化，雪天寒冷，树木凋零。这都是自然现象，但在诗人心中，它具有更高的美感。

　　诗人以一种崭新的审美视角向我们展示了"雪"的另一种美丽。其中，"雪"的娇羞，"雪"的安静，都给人一种美的享受。诗人打破了"雪"的寒冷、无情的原有印象。诗中"雪"的这种美丽，在我们以后写"雪"题材的作文中可以借鉴，包括其中描述雪的词语。

　　同时，这首小诗对我们在创作理念上有一定的启发意义：对同一种事物由于欣赏角度不同，所引起的审美感受会产生极大的不同，有时甚至会相反，尤其是就自然景物而言，它们本身都潜在着美的特征与美的内涵，但这种美又是不确定的，常常会随着欣赏者审美角度的不同而不同。因而，我们写作时不必局限于相同的审美取向，而是要用自己的眼睛去看，用自己的联想和想象去赋予，由自己的笔去展示。这样，就会产生新的审美效应。带有情感地去欣赏景物，以美好的心情去面对景物，总会在景物中找到这种情感的化身。

春天的早晨

春天的早晨，
怎样的可爱呢！
融洽的风，
飘扬的衣袖，
静悄的心情。

冰心《繁星·六十九》

早晨起来，屋子里有一点闷，推开窗子，一缕轻盈的微风拂面吹来，吹动了衣袖，顿时身心像用温泉洗过一般，那么清新。看着万物复苏，看着晨曦微露，心境该是如何澄明与畅快。深受严冬的折磨后，乍逢初春，无限的惊喜，无限的愉悦，竟说不尽春天的可爱……我们都曾有如此的感受、如此的体验，是否将其描述下来了呢？冰心女士就是抓住了这生活中的一瞬间写成这首小诗："春天的早晨，/怎样的可爱呢！/融洽的风，/飘扬的衣袖，/静悄的心情。"诗人的描述同样会勾起我们对往日感受的回忆。

短小的诗句，却给人以无限的回味，就如一杯好茶，清淡却经得起品味。冰心的这首短诗所渲染的优美却不夸张，宁静而又蕴含惊喜的意境，在我们写关于"春天景物"题目的时候，完全可以直接引用，在我们写春天的心情的时候，也可以直接引用。这对我们作文在感情、在色彩上会起到润色的作用。如果就是写春天的文章，完全可以把这首诗作为开头，熟悉而清新的诗句会引起读者的共鸣，在另一层面上，又奠定了全文的基调，使你在下面的写作中有个明确的感情指向。

除了诗句的直接引用之外，冰心女士的遣词造句技巧也很值得我们体味、学习和运用。

小诗选择"融洽"写风，而"融洽"是说"彼此感情、关系好"，我们习惯上多指人和人之间的关系，但作者说"融洽的风"，便是把风当作人来写，一语道破风的恰到好处，随人心所欲，切合前面的"春天的早晨，怎样的可爱呢"。而后，又写到衣袖的"飘动"，这是一个日常生活中司空见惯的景物的平常动作，为什么要作为一个重要部分展现春天的可爱呢？这是一个迥异的角度：并不是因为衣袖飘动才发现春天的可爱，恰恰相反，是深深地体味到春天"可爱"，这种感情的涨满外溢，就连看衣袖的飘动也觉得它是美丽可爱的。把内心的感情投向平常的景物身上，这种手法对我们的作文很有帮助。表达人的某种感情，如幸福、悲伤、快乐、愤怒时，不必非要写人如何如何，只要选取一个平常的景物，去描写相应情感下的状态来反衬人的心情就能达到传达的目的。写秋天的丰收，写秋高气爽，就会反衬出人高兴的心情；写落叶，写枯草，从中读者也能够领悟到作者寂寥、孤独的心情。

风划一个舢板

> 雾散去
>
> 风划一个舢板
>
> 上边站着太阳
>
> **孔孚《渤海印象》**

这是诗人孔孚的《渤海印象》中的一首，写海上大雾散去后的景色。小诗玲珑剔透，给人以明亮的美感。

诗人写雾散去后并没有细腻地写渤海的大场景，只是抓住一个瞬间的画面：因为风的吹动，无人的小船在海中荡来荡去，正在初升的太阳恰好升到紧贴小船的位置。从岸上望去，诗人把这种景色描绘成"上边站着太阳"，一个"站"字将太阳拟人化，好像太阳此刻竟成了游客！和前一句的"风划一个舢板"相映成趣，诗人将"风"和"太阳"都集中在一只小船上，缩小了空间，将三者写得生动、形象，富于生活的情趣。这也正是该诗的动人之处。

我们可以把它与另一种写法相比较，也同样描写大雾散去时海上的景色："海面上又呈现出一浪涌一浪的滚滚气势，跳跃的太阳把整个海面染上一层欢快的金色。在欢腾的大海上，有一只无人的小船荡来荡去。"与孔孚的诗相比而言，两者反映的景物是一样的，都有"大海""风""小船"和"太阳"，四者俱全，没有一个漏掉的。但后一段气势上与小诗截然不同，反映的是宽阔的、博大的气势，这也是大海给我们的最熟悉的印象。而诗人的妙笔就在于将"太阳"与"风"两个大气势的景物缩小了，具有了"小"的精致与可爱的特点。构造了一幅"风划小船，太阳站在上面看风景"的优美图画，其精致足以让人细细品味，赞不绝口。

从对比中，我们能够有这样的发现：像大海、太阳这样具有庞大、宽广、雄伟气势的景物，我们也可以用精致而优美的笔调描述它们，突出其不为人所想到的"小"的可爱之处，这样构思出来的文章将更具新意。其方法是将它们集中放置到一个小景物上，如这首诗中的"舢板"，这样也就在感受上缩小了大景物，便可显示出其不为人知的可爱之处了。

催人奋进的歌

用希望矫健你的两腿

莫谓旅路之辽长，

明天或有无边的雾和烟云，

请步单峰驼之后尘，

用希望矫健你的两腿。

侯汝华《单峰驼》

这首诗中诗人借写单峰驼的精神来鼓舞"孤寂者"要勇敢前行。这一段是全诗的最后一节，诗人进一步鼓舞"孤寂者"战胜困难，勇奔未来，不要被前方路途的漫长与"无边的雾和烟云"所代表的艰难与不测吓退。诗人最后说"请步单峰驼之后尘，/用希望矫健你的两腿"。收笔极为有力，无疑又给"孤寂者"以强有力的支持与厚重深切的希望。

这是一首奋进者的进行曲；当然，也只有奋进者才会感受到它的雄壮之美。没有剑拔弩张的气势，没有标语口号的呐喊，就如一首别具风韵的壮行之歌高唱于奋进者的前方。

生活的道路千万条，却没有一条是平坦的。创业者的路是艰辛的，拼搏者的路是坎坷的，求学者的路是枯燥的。也不是每个人都能坚定不移地走下去，有半途而废的，有走走停停的，也有停滞不前的，面对这样的情况，我们就可以引用这节诗循循善诱，进行规劝和鼓励。在写送别情景的文章中，我们可以引用它作为临别的祝福。它可以发生在朋友之间，也可以发生在长辈对晚辈之间；可以看作是临行前的嘱托，也可以看作是旅途中的鼓励。总之，这节诗在我们写作文中实用性很强。记住它并加以创新，会为我们的作文添色不少。

把自己当做泥土吧

老是把自己当做珍珠

就时时有怕被埋没的痛苦

把自己当做泥土吧

让众人把你踩成一条道路

鲁藜《泥土》

璀璨的珍珠具有夺目的美丽，它唯恐失去展示的机会，因而，它就会为此而时时担忧，并且成为一种深深的痛苦；泥土则不然，它认为自己很平常，没有什么可以炫耀的，于是它踏踏实实地去铺路，以此展示对于生活的热爱。由此我们看出"珍珠"与"泥土"两者对自我的评价是截然相反的。诗人鲁藜正是抓住了两种事物的不同特征，通过对比来阐述他的人生观：不要把自己当成珍珠，那样的话会陷入不被重用的痛苦之中；把自己当成泥土，哪怕是被人踩成道路，价值也就在这个过程中实现了。诗人在此阐释的是一种崇高的人生境界。

"珍珠"代表的是一种自诩的意识，是追求名利的一类人生观，而泥土则是踏踏实实、勤勤恳恳工作，不计名利的人生观。显然，一句"把自己当做泥土吧"流露出诗人对泥土的无私奉献、脚踏实地精神的肯定和赞扬。

这首诗语言质朴，毫无雕琢之气，其中像"老是""当做""怕"等词基本属于口语，亲切而自然，就如诗人站在你面前在和你随便聊天。读这首诗的时候，也好像是在聆听一位站在我们面前的老者的朴实而亲切的嘱咐与教诲。因而，在作文中，我们可以把它作为一位长辈对晚辈人生的指正与勉励。诗句的意义与内涵我们可扩展到以下几个方面：对于青年人来说，投身到社会中，要有一个谦逊的心态，首先想到的是自己能为这个社会奉献多少，展示自己哪方面的才能，而不要想如何去炫耀。踏踏实实地工作便是在展示自己，把自己看作泥土，才会珍惜所拥有的一切。同时，我们也可以在《社会价值与自我价值面面观》这样的作文中引用，来阐明观点，"珍珠"代表了"自我的价值"高高在上的观点，而"泥土"则是代表了把"社会价值"放在自己人生的第一位的观点，我们可以两相对比，指出"珍珠"的人生观往往会导致"痛苦"，而"泥土"却在"道路"中展示了自我。甚至我们从中挖出这样一种立意，青年人必须能够像泥土一样，谦虚谨慎，戒骄戒躁，投身于为社会服务的道路铺建中，这样才可能有所作为；而自命不凡、自诩清高的"珍珠"的人生只会让自己陷入无法自拔的痛苦中。

惟有此刻的太阳
最为光明灿烂

> 莫对明日的朝阳寄予过多的希望，
> 明天的午后它又将在水底深藏，
> 惟有此刻的太阳最为光明灿烂，
> 照着生命的花朵溢出沁人的芬芳。

符节合《阳光》

这是《阳光》一诗的第三节，也是最后一节。前两节诗是写诗人见阳光来去匆匆，萌发追寻"太阳的踪迹"的想法，但却未成功。于是诗人在第三节中抒发他对太阳的慨叹，太阳决不会在明天早晨升起的过程中停留，它只会再次如往日午后一样"将在水底深藏"。诗人感悟到了这一点，于是充满深情地说："惟有此刻的太阳最为光明灿烂，/照着生命的花朵溢出沁人的芬芳。"这是诗人追寻太阳踪迹未果的感受，又何尝不是人类对时间和生命的顿悟呢？不正是人类在历史的时空中对生命的把握吗？太阳的踪迹正是永不停留的时间运行的轨迹。我们可以由此发掘出该诗的主题：生命花朵的芬芳，无法依靠明日，只能紧紧地把握住现在的时间，否则，生命将在期待中步步逼近死亡。

这两句诗我们因此可以挖掘出"珍惜时间，把握现在"的惜时的主题。并且诗人是承接上面的两节诗脉络而来的，在表述上充满诗意，尤其"生命的花朵溢出沁人的芬芳"一句运用了比喻的修辞手段，把"生命"比喻为"花朵"，语句优美，耐人寻味。因而，我们可以把它作为一句箴言写进与"珍惜时间"相关题目的作文中。最好的切入点是"此刻"，意在把握"现在"。引用这句诗，既可以细腻地表达出"珍惜时间"的主题，又可以引起读者的共鸣，在相互感叹的认同中达到以理服人、以情动人的议论、抒情效果。

幸福的花枝

> 幸福的花枝，在命运的神的手里，
> 寻觅着要付与完全的人。
>
> 冰心《繁星·二十》

《繁星》诗集中所收录的诗都是诗人零星地写在纸上的点滴思想与感悟，后来，她的弟弟建议集成小册子，于是便以其弟在扉页上写的"繁星"两字作为名字，诗集《繁星》由此诞生。

这是《繁星》中第二十首，"幸福的花枝"是其中的一句，而不是题目。实际上集子中的每首诗都没有名字。在第二十首诗中，诗人对"幸福"发表了自己的见解，将"幸福"比喻成"花枝"，是被拿在"命运的神的手里"的"花枝"。以此阐述了幸福是由那些能够并敢于完全付出的人创造出来的，也只有这些人才有资格得到幸福。

这首诗短小清新，哲理隽永，耐人寻味。可作为格言在作文中引用，抒发情感；也可作为一个论据，论证"幸福"要付出。印度大文豪泰戈尔曾说过："你应该不顾一切纵身跳进你那陌生的、不可知的命运，然后，以大无畏的英勇把它完全征服，不管有多少困难向你挑衅。"泰戈尔的这句话与冰心的小诗在实质和内涵上是完全一致的。那种认为"幸福是机遇""幸福可以等到"的观点都是错误的，它们都没有思考"幸福"背后的艰辛付出，事实上"幸福"与"付出"之间有着深刻而密切的联系。我们就可以由此入手反驳那两种错误的观点。

冰心的这首小诗是一个窗口，我们由此看见了幸福的秘密，这也可以作为我们在生活中寻求幸福的"终南捷径"。抓紧时间，积极付出，切莫等待幸福，只要你付出，就可能得到幸福，因为你每一次努力都是在向着幸福靠近，于是"幸福"也就在不远处开始向你闪动了。

年龄倒有点像音符

年龄倒有点像音符

就那么多，各自去谱写吧

年轻和年老又何必在乎

陈松叶《不抒情的慢板——写在上海音乐学院》

这首诗是写给上海音乐学院的，诗人巧妙地把"年龄"与"音乐"联系在一起，用"音符"比喻"年龄"，构思新颖，又贴近当时情境，贴近现实生活，说理中流露出亲切的情感。

小诗阐述了年龄的意义，"年龄倒有点像音符"，音符的特征是"就那么多""各自去谱写"，所以诗人反问"年轻和年老又何必在乎"，诗人观点是，年轻和年老只不过是不同音符组合成的乐曲，可能有的是激情澎湃，热火朝天；有的是委婉低吟，细声慢语。节奏不同，曲名不同，表现的情感也不同，但这些都归属于音乐的形式，也就是说它们都能代表音乐的美。年龄也是如不同曲谱的音乐一样，年轻与年老，都只是形式而已。这样去思考年龄，便不必再去介意自己是年轻或年老了。

诗中流露出乐观、积极豁达的人生态度。像一把钥匙，打开不同年龄的人的心锁：年轻人甩掉幼稚、经验不足的包袱，充分发挥活力优势；年老者善于思考，以丰富经验弥补活力的不足，仍可以宝刀不老。从这个立意出发，我们可以引用它来鼓励各个年龄段的人，使青年人、老年人各尽所能，发挥所长。我们也可以将其理解为对老人或者青年其中一方的劝慰引用到作文中，增强文章的生动性。如在谈"人生的意义"的文章中，我们就可以站在这样的立场上去阐述观点：

常听一些老人感叹地说："唉，老了，我不行了，不中用了，……"我觉得这是自己在贬低自己，是不自信的表现。年龄对于一个人来说，并不具有决定意义。正像一首诗中所说的一样，"年龄倒有点像音符/就那么多，各自去谱写吧/年轻和年老又何必在乎"。我非常同意这种观点。人生的意义并不会因年老而消失，相反，它会弹奏出人生的另一种动人的乐章。

踏成的也是路呵！

不妨的，

无路可走，

走就是了！

筑成的砌成的是路，

踏成的也是路呵！

刘大白《泪痕之群·四十八》

刘大白是中国白话诗最早的提倡者之一，在实际的创作中也积极推行运用白话文来写诗。在《泪痕之群》的第四十八首诗中体现得更为明显。"不妨的，/无路可走，/走就是了！"完全口语化，没有晦涩，意义明白，非常简单，平易的话语里丝毫没有隐藏什么深义。诗人告诉"无路可走"的人"走"下去，"走就是了！"。人们会产生疑问，已经是没有路了，还往哪儿走呢？紧接着，诗人话题一转说道："筑成的砌成的是路，/踏成的也是路呵！"一语点破天机。诗人承认"筑成的"和"砌成的"是路，但诗人也承认并且极力强调"踏成的也是路"，这也是诗人让"走就是了"的最终原因与有力证据。

我们不由得会联想到伟大的文学家鲁迅在《故乡》中的最后一段所说的："希望是无所谓有，无所谓无的。这正如地上的路；其实地上本没有路，走的人多了，也便成了路。"用路的形成来阐明希望，"本没有路，走的人多了，也便成了路"。这里面的"走的人多了"和刘大白的"踏成的"是同义的，都是强调人的探索与创造，"踏"显示了其中的信心与行动的力度。从中，我们可以设置出引用该句诗的各种作文语境，如下：

歌颂不肯屈服，不向传统的思维与意识低头，敢于抗争的斗志；

肯定敢于探索，不墨守成规，勇于创新的改革意识；

赞美为辟新路者的默默耕耘，不计失败，前仆后继的奉献精神；

鼓励在学习和工作中发扬"求异的思维"。

看，一只会飞的蚕！

……

你老了吗？不！

不过是休息了一会儿

一朝冲出网茧

看！一只会飞的蚕！

木斧《春蚕》

诗人在《春蚕》中借蚕变成蛾的意象抒发了自己复苏的进取心的感受和冲动。全诗八句如下：

> 永远充满了旺盛的精力
> 在无穷无尽的岁月中
> 吐着无穷无尽的丝
> 后来，无忧无虑地睡了
>
> 你老了吗？不！
> 不过是休息了一会儿
> 一朝冲出网茧
> 看！一只会飞的蚕！

有很多人对这首诗进行过鉴赏和评论，我们不妨先看一看。钟文说："这是一种信仰，一种追求，充满了对人民更好将来的憧憬。"苏恒、晓敏说："这是一个极平凡的题材，诗人却写出了新的意境。'春蚕到死丝方尽'是一种境界。作茧不是自缚，不是死亡，而是生命的一个阶段，是生命的运动，发展和延续，是另一种境界。"马乐群说："通过八行简洁的诗句，极力赞颂了为祖国为人民做出了'无穷无尽的'平凡业绩的献身者。"苏非说："这是20世纪40年代受过革命洗礼，以坚实的步子走向新时代又意外遭受长期挫折的一代中国知识分子形象。……证实在时代精神润育下，一代诗人不尽相同而又大体一致的灵魂深处的颤响，这颤响是时代之音，是时代在艺术作品中的反映。"这些评价都是从不同的角度揭示了该诗的深刻内涵，也是我们在作文引用过程中的切入点。

其实该诗不止这些意义，我们在各种评价的基础上可以挖掘出更多的意蕴。我们从春蚕的身上还看见了奋进者的身影，乐观蓬勃的生命力，他不但能突破过去时代和社会的枷锁，而且还勇于突破自身精神上的网茧。我们也可以用它来形容"壮心不已"的老者"志在千里"的情怀，用它比喻那些敢于打破旧有模式束缚的开拓者。如写"我的爷爷"，他是一位老工程师，年轻时曾设计了多个工程方案，如今，年事已高，退休以后，仍然帮助政府出谋划策，这不就是那只"永远充满了旺盛的精力，在无穷无尽的岁月里，吐着无穷无尽的丝"的春蚕吗？这是由人联想到春蚕般的精神，也可以由写春蚕而引发联想，挖掘春蚕的精神，从而联想到具有春蚕精神的人物形象。

我以我的全部憧憬
设计着世界的形象

生活说：我以我的艰辛设计着你的形象

我说：我以我的全部憧憬设计着世界的形象

章德益《我与大漠的形象》

诗人从"我"和大漠的关系中引发出了人与生活的关系，进而阐发了生活的哲理。

生活总是充满挑战，这种挑战时常以困难和艰辛的形式表现出来，人也因此在战胜困难过程中体现自我的价值。两者在相互的磨砺中完善自我。诗人章德益的这两句诗恰如其分地阐明了这种关系：人在面对生活艰辛的过程中不断成熟。反过来，人也用自己的智慧与努力改变着生活，实现着自我的理想。

这两句诗体现了人与生活相互制约、相互影响而又相互促进的关系。在诸如《人与自然》《生活与人生》的作文中，我们可以引用它来说明人离不开生活，人必须面对生活，要敢于同困难与艰辛作斗争，唯有如此，才能实现自我价值的主题。

同时，诗中流露出一种乐观、自信的斗志。只要我们战胜生活，就意味着我们实现了自我的梦想，可以按照我们的意志去创造世界。付出艰辛的过程也是在靠近我们理想的过程。我们的每一种努力，即便是以失败告终，以更深层意义而论，都是一次收获，因为它已向成功迈进了一步。因而这两句诗的引用可催人奋进，鼓舞斗志，具有强烈的鼓动性。

它也说明：人对待生活，不应该持躲避的态度，正确的态度是迎接和拥抱。只有这样，才能实现自我。我们也可以从"我以我的全部憧憬设计着世界的形象"入手，提炼出"人具有主动性""生活并不是一成不变、无法改变的""奋斗对人生的意义"等主题来，这些对作文都具有现实的意义。

等待一双矫健的翅膀

云很白可也很高

等待一双矫健的翅膀

海很蓝可也很大

需要一次一往无前的出征

汪国真《善待生命》

汪国真的诗在当代曾风靡一时，在全国范围内掀起一股"汪国真热"的浪潮。他的诗尤其受到年轻人的喜爱和欢迎。总体来说，他的诗语言浅显易懂，又富有箴言的意义，因而被很多人引用来表述人生的态度或劝导他人。《善待生命》便是其中具有代表性的一首。

在所引的这节诗中诗人列举了两组意象："云"和飞翔的翅膀；"大海"与飞行。"云很白可也很高"，借"云"阐明了追求的无比美好，但同时也说明了这种理想与追求并不是轻易就可能达到的。"等待一双矫健的翅膀"，则说明只有强健的生命才可实现美好的理想。同样，遨游蓝色的大海，是极其壮观的，但它更需要能够克服困难的信心和毅力。"需要一次一往无前的出征"。诗人整首诗意在说明在忙碌的生活中不要忘记休息一下来善待生命，只有这样才可能养足精神，克服困难，才可能展翅飞过大海，飞向蓝天，飞向白云。对于人来说，也就是实现自己的伟大理想。这是全诗意欲表现的思想。所以我们在作文中就可以引用这四行诗来说明休息对于工作和学习的重要性。

单就这四行而论，我们可以用它来表现另外的生活哲理。即理想的实现需要付出，理想与现实是有一段长长的距离的，需要勇敢、信心、毅力等各种因素的积蓄。理想是一个积累的过程。从这个立意出发，我们可以引用它来劝导人们在追求理想的路上，不能急于求成，不可急躁。也可以用来说明完善自我对理想实现的重要性。平白如话的诗流畅，也很好记，大家最好能记住这四句话，在用的时候就可以随手拈来。

为了重获自由

为了重获自由，
即使只有片刻，
它也甘愿付出被缚的生命。

宫玺《最后的飞翔》

《最后的飞翔》中描写了一只被缚的鹰挣脱绳索向高空飞翔的勇敢行为。虽然撕裂了一条腿，却毫不畏惧，它有一个坚定的信念："为了重获自由，/即使只有片刻，/它也甘愿付出被缚的生命。"这是鹰对高空的不舍的执着与眷恋，这也是诗人赋予鹰的完美精神，更是诗人自我理想的诗意展现。

自由，是个人志向、民族理想永久追求的目标。无论是在过去、现在，甚至是在将来的任何时刻，它都是值得人去追求、去争取的美好理想。诗人以鹰的"最后的飞翔"展示了自由的无穷魅力。鹰愿意用整个生命去换取自由的片刻，足以显示出自由的意义与魅力。

鹰便是争取自由的勇士的化身，是热爱自由的象征。在作文中，我们可以把这段关于鹰追求自由的描写作为喻体，去赞美历史卜那些为自由而战的人。他们可能为自由付出了青春，付出了生命，也可能在生命的最后一刻也未能享受到自由，但是他们如鹰一样冲向天空的行为却为自由的来临开辟了一个空间。这是他们行为的意义，也是他们值得赞美的原因。

在议论文中，我们也可由该节诗引出自由的崇高价值和重大意义，然后再作以具体的论述。这样会使议论文生动。并且"自由"这个论题较为抽象，议论时易流于空泛，而引用三句小诗无疑将抽象变得具体。具体的事物才更能引起读者的兴趣，而"鹰"的形象必定会给读者以心灵的震撼。

珍重的描写罢

青年人
珍重的描写罢
时间正翻着书页
请你着笔！

冰心《春水·一七四》

冰心女士的《春水》集子中的诗句大都隽永清新，犹如格言，给人以力量。这首小诗，以劝慰的口吻指引着青年人要"珍重的描写"生活。小诗意境广阔，令人回味，语气中肯，让人亲近，适合我们在作文中引用。比如在写"珍惜时间"的作文时，我们就可以引用该诗作为结尾以劝诫：

　　冰心老人很早就说过："青年人/珍重的描写罢/时间正翻着书页/请你着笔！"面对她如此诚恳的劝诫，我们又怎能忍心虚度光阴，将大好的时光浪费在游戏机上，浪费在玩乐中呢？

我们也可以把诗放在开头部分，然后切入现实生活中，列举相反的事实："很多人不珍惜大好时光，胡乱地涂抹着生命的图画，使得年轻的生命的图画上找不到一点亮丽的颜色。"然后论述这样做可能导致的后果：一事无成，后悔莫及。再由此引出正面的观点。这样一正一反，正反交融，名言与事实相映成趣，论述既透彻而又感人。

梦里走了许多路

梦里走了许多路
醒来还是在床上

艾青《花与刺》

这首小诗写"梦"与"醒来"两种相反的状态中的人的行为和效果。"梦里走了许多路"和"醒来还是在床上"构成的反差，具有一定讽刺意义。正像集子的名字一样，花美丽可爱，刺却毫不留情地刺破你的皮肤。同样，小诗文字优美，哲理却力透纸背，直指人的心灵，刺破人的内心。

无论你在梦中走了多远，做了多少事，你在醒来时会发现一切都是虚无的，你仍然是在床上，一步都没迈出去，一点事都没做。事实上这首诗在讽刺那些沉迷于幻想，没有实际行动的人。幻想就如同做着行万里的梦，常常令人沉浸其中，不能自拔。而一旦面对现实，却虚幻得连影子都找不到。幻想之所以迷人是因为它不需要人们艰苦地付出，所以也就不会遭遇失败与挫折，而行动却包含了这一切。但同时行动也包含了迈向成功的可能和享受成功的乐趣。

小诗虽具有讽刺的意义，语气上却含蓄，并且运用了"梦"和"醒来"作喻，让人能够接受。我们可以利用它来论证"幻想"的虚无，论证行动的意义，教育人们不要沉溺于无度的幻想，忘记了行动。

另外，小诗的结尾处流露出一种淡淡的惆怅与遗憾，这也可以作为我们的发掘点。我们可以由此出发将它设定在一种特定的语境中，它可能是一位老者的忏悔，一个青年对往日的悔悟，和对生活的感叹。

在夜里，我会想到明天

在夜里

我会想到明天

想到一切从明天开始

想到明天会比今天好些

魏志远《要是没有明天真不敢想象》

"明天"对我们总是充满了诱惑，我们也赋予它无限的希望和理想，也会时常在睡觉前想明天要做的事情、估计可能发生的事。这几乎成了每个人生活中一个固定的部分。诗人魏志远在这首《要是没有明天真不敢想象》开篇的两节中正描绘了这种生活场景。

在夜里

我会想到明天

想到一切从明天开始

想到明天会比今天好些

大家都这么想

明天是我们的粮食 空气和水

明天比这些还要重要

"一切从明天开始"差不多成了许多人的口头禅，明天总是崭新的，给人以无限美好的希望，忘掉昨天、今天，一切可以从头再来。"明天会比今天好些"，当一个人失败，内心极其脆弱甚至于无法面对现实的时候，这句话常常会给他带来巨大的安慰与鼓舞。"明天是美好的"这种信念会支撑着痛苦者鼓起勇气去面对现实、面对人生，甚至可以把徘徊在死亡边缘的人拉回到生活里来。这种作用与意义是积极的、向上的。与此同时，我们还可以从相反角度去思考和理解。一个人如果过分地依赖于明天，沉迷于对明天的幻想之中，以为一切都会随着明天的到来而到来，自己无须再去努力，这样把所有的希望寄托于明天，其结果只会是白白地浪费掉了所有的"今天"，只会一事无成。事实上"明天"是一种永远不可能抵达的时间，每一天都有新的明天，从这个意义而言，今天才更为重要，更值得珍惜。因而该诗可作为反面的论据，去论证"珍惜今天，不可虚度"的观点。如：我也向往充满美好的明天，我也会像一首诗中所写的那样，"在夜里，想明天会比今天好些"。然而我更知道，明天却不是现在所能拥有的。而只有今天，只有现在才是实实在在的，才是我们所真正拥有的。认认真真、脚踏实地地过好今天的每分每秒，努力使其达到尽善尽美，不虚度，不荒废，这样才能展示出一个美好的明天，才能让它成为现实。

两种角度在引用与论述时都可运用，但要把握分寸，根据作文的主题需要进行取舍。

智慧之火　不是天外飞来

我是燧石

请记住我的体会吧

智慧之火　不是天外飞来

本来就埋在你的他的或她的脚下……

高伐林《燧石》

　　"燧石"，是人类最早的取火工具。古时候，人们就是通过不断敲打燧石来引火的。因而"燧石"的发掘象征着人类的智慧与文明。本诗采用燧石自述的方式揭示了自我价值的实现。在前文中诗人写道："我是燧石/我只有一个请求/请拾起我/——敲打""狠狠地敲打"。燧石强烈要求"敲打"，因为通过"敲打"燧石才可以取火，才能向人类证明自己的存在和内在价值，才可以实现自我的价值。它的价值必须经历一番"敲打"才会大放光彩。

　　在最后一节中，燧石喊出了它对生命的领悟："智慧之火/不是天外飞火/本来就埋在你的他的或她的脚下……"燧石以自己的生命经历阐释了人的生命的意义：个性的保持与价值的实现在于自己，不要把美好的愿望寄托于他人的身上，而必须靠自己，靠生命的不断"敲打"。这种"敲打"便是实现生命价值的一种有效途径。

诗人借燧石的口吻阐释的正是人的生命意义。"敲打"精神与意识具有可延伸的多重内涵：

这是一种鞭策力量，激励也监督自己不断前进，不放松，不懈怠。

这显示了内因与外因共同作用的结果。"敲打"是外因；要求敲打，敢于接受敲打是内因。任何事物的成功都必须兼顾两者，缺一不可。所以，我们也可以从人的成功的必要条件的角度来引用。

这是一种对于磨难与挫折的经典认识。它们的确是威胁我们生存的敌人，但对于生命意义而言，它更有价值，更能推动我们前进的步伐。

这也是自律意识的表现，敢于接受敲打，"敲打"才会使自己更快发现错误，改正错误，时时警惕。我们也可以理解为批评与自我批评的意义。

诗中所引发的意义如果和我们的作文主题相符，就可以引用"敲打"的诗句或者隐含其中的哲理。

人生哲理的探究

黑夜给了我黑色的眼睛

黑夜给了我黑色的眼睛
我却用它寻找光明。

顾城《一代人》

顾城的这首诗可谓短小精炼，而其中的意蕴却深邃隽永。这首诗在中国新诗史上占有重要的地位，成为新时期朦胧诗的代表作之一。它抒发了一代人的心声，也寄托了一代人的理想与志向。历史的境遇给了一代人相同的经历，也在无形中规定了一代人的生存发展的理想。正如"黑夜"赋予了一代人以"黑色"，连最澄明的眼睛也必须接受。而"黑色"的眼睛并不倾心于黑夜，却在"寻找光明"。在这种"黑夜"与"光明"的意义突然转折中，我们完全可以读懂作者对"光明"坚定的信念与矢志不渝的追求。就诗的比喻意义而言，纵然眼睛在黑夜中不可避免地染成了黑色，但丝毫不能阻碍他们去寻找光明、发现光明，愈是在黑夜中，愈会渴望光明，愈会激励人们寻求光明，也就相应地会更加珍惜这种光明。

这首诗是作者针对一个特定的历史时期所吐发的心声。然而，当我们抛开这种历史背景，在作文中将它放入更为广阔的人生视野中反观时，我们会发现其中的哲理同样令人信服：当我们身处逆境，彷徨不前的时候；当我们面对困难，不知所措的时候；当我们遭遇突变，怨天尤人的时候，这首诗不正是一颗启明星，高高地亮起在你我人生的星空上吗？

诗中的内涵可以理解为一种追求：对光明的追求，对胜利的追求，对幸福的追求。可以理解为一种信念：坚韧不拔，矢志不渝。也可以理解为一种责任：为自己生存状况的改变，为社会，为祖国，甚至为了整个地球，改变现状，实现光明，这其中包含着巨大的决心、毅力和向往自由的精神，都是可以直接纳入我们中学生作文的构思与成文中的。作文时，有许多例证是可以使用这两句诗的哲理和语言的。如：身残志坚，与病魔做不懈的斗争，最终实现自我价值，取得社会赞誉的残疾人；出身贫寒，不甘沉沦，奋起搏击，追求知识和幸福，敢于向命运抗争的勇者，等等。这里面所包含的矛盾对立统一的思想，我们也可以作为切入口，黑夜所代表的各种困难有时往往就是我们前进的动力。

一切好东西都永远存在

这些好东西都决不会消失，
因为一切好东西都永远存在，
它们只是像冰一样凝结，
而有一天会像花一样重开。

戴望舒《偶成》

戴望舒的诗常常流露出一种哀叹的情调，具有一种忧伤的美丽。如脍炙人口的《雨巷》中希望逢着"一个丁香一样地结着愁怨的姑娘"，而最后"像梦一般地凄婉迷茫"地飘过去了。诚然《雨巷》中"丁香姑娘"是诗人在黑暗的现实和孤寂的生活中一种美好而又朦胧的理想的象征，却最终消失在惆怅和彷徨中了。这种对美好生活的向往在《偶成》中充满了信心，一扫失落的情绪。诗人坚信"好东西""只是像冰一样凝结"，总会有一天，"会像花一样重开"，因为它们"永远存在"，"决不会消失"。"好东西"是什么？诗人并未具体说明，这在一定程度上要依靠读者自己去把握、去思考，这也为我们重新思考该诗留下了广阔的空间，我们可以由此赋予诗更广阔的现实意义，这也就为我们引用该诗提供了更多的角度。

"好东西"是什么？在当时，面对日本帝国主义的侵略，祖国国土的沦陷，它就是"和平的美好生活"，是国家的独立和自由，这也正是诗人真正所指。然而"好东西"在我们的现实生活中却不局限于这一个"和平"仅有的概念，在其他的情况下我们可以赋予它不同的含义：

当面对病魔，苦不堪言时，"好东西"便是"健康"；

当面对贫困，民不聊生时，"好东西"便是"富足"；

当面对邪恶，肆无忌惮时，"好东西"便是"正义"。

健康、富足与正义都可归纳为"好东西"，因而这首诗在我们写作中可以被广泛地引用。

人们相信"好东西"不会消失，所以才会孜孜不倦地去追求。比如说，人们相信"诚信"不会在市场竞争中消失，所以即便竞争异常激烈，但更多的在守卫着"诚信"；人们相信"清正廉洁"不会在腐败中消失，所以更多的人在捍卫着"廉洁"。当然，在我们追求种种"好东西"的同时，也需要一个艰辛的付出过程，付出劳动才会将"冰"融化掉，"花"才能"重开"。"路漫漫其修远兮，吾将上下而求索"，这大概就是因为其内心深处坚信"好东西"永远存在，不会消失吧。我们在作文中表现对美好事物的向往与追求的执着信念时，我们就可以引用这两句诗。

墙角的花

墙角的花，

你孤芳自赏时，

天地便小了。

冰心《春水·三三》

独自开放在墙角的花，自然是种独特的美丽，一种区别于繁花锦簇、争芳斗艳的景致。但这种美是有一定限度的，当"墙角的花"沉醉在对自我无限的欣赏时，它便再无法正视广阔天地间其他各种形态的美丽，它只觉得自己是最美的，天地间再无其他可与它媲美的了。

简短精致的三句话勾勒出小花的自负自大，但作者的语气不是揶揄和嘲讽，倒有一种娓娓道来的温馨与宽厚，是一种善意的提醒，细致的规劝。诗人吟咏的是花草，比喻的则是人事，事实上诗人是在告诫人们要谦虚，不可妄自尊大。

这首诗我们可以提炼出以下主题，以供我们在创作中引用：

自大自负，夸大自己，不能正视自己的能力；

自我为中心的无集体意识；

"井底之蛙"般的目光短浅；

拒绝放眼世界的封闭意识。

与第四点相对的就是要寻求开放意识，竞争意识，这层含义可与改革开放、参与市场竞争以及国有大中型企业与国际接轨的主题相联系，以此说明其必要性。以上四个主题是由小诗直接提炼出来的，当我们写议论文时可以作反面的例子引用。

理想又是一种牺牲

理想既是一种获得，

理想又是一种牺牲。

流沙河《理想》

理想，是人生前进的目标，也是前进的动力，它就像一束火炬高高照亮在前行者迷茫的眼前。伟大的行动总是起源于伟大的理想，周恩来的丰功伟绩与当初中学时的"为中华之崛起而读书"不能不说有着非常密切的关系。于是理想的树立成为人生的起步，理想的实现支撑着奋斗的身影。

理想就如一幅绚烂的彩图充满着无穷的魅力。人们愿意为它"甘洒热血写春秋",因为它预示着收获;然而,理想又是一种艰难的考验。正如流沙河所说的"理想既是一种获得,理想又是一种牺牲"。在接近理想的过程中,我们面对一次次成功,一次次进步,一次次经验,我们的脸上会浮现出喜悦的笑容,心里记录着收获的次数。而"收获"也意味着"牺牲",牺牲汗水,牺牲心血,牺牲满头黑发,牺牲最后一颗牙。

鲁迅说自己不是天才,只不过把别人喝咖啡的时间都用在看书上了。那么鲁迅牺牲的是品味的乐趣。科学家们埋头于实验室测定数据,他们牺牲的是周末出去的机会。没有付出,没有牺牲,就不会有收获,理想更不可能实现。

这句诗充满辩证唯物主义色彩,精辟且富有哲理,我们将它引用到作文中,可以表达对人生不断追求、不断收获的感慨,也可以表达对那种孜孜以求、勇于付出的精神的赞叹,还可以作为一种警世之言。按照这个思路,我们在《理想之我见》的议论文中,就可以从两个方面去论述"理想"。首先,从积极的方面:"理想是一种获得",树立了远大的理想,人生的奋斗就有了方向;在实现理想的过程中,能够积累经验,发挥自己聪明才智,学会面对困难,不断充实自我。这都是从"获得"意义的角度阐述的。但这不全面,在一定程度上美化了理想,我们还要从"理想又是一种牺牲"的角度展开论述,注意到在实现理想的过程中所需要付出的艰辛与所做的牺牲,可用前面列举的事实论据。这样抓住了"理想"的两个方面进行论述,既全面又使文章具有辩证的逻辑。

人生有一个最大的悲剧

人生有一个最大的悲剧

那就是当你意识到自己

将被时代抛弃

张学梦《致经济学家·致中学生》

    人的一生中会遇到很多悲剧：理想成为泡影，多年的奋斗努力付之一炬；离家漂泊，叶落不能归根；骨肉分离，亲人不能团聚……这些都是让人心痛的悲剧，而诗人认为"最大的悲剧"是你意识到自己将被时代抛弃。是啊，每个时代都以自己的速度向前发展着，犹如大海的巨浪一浪推打一浪，每个人都得抓紧时间赶上自己时代的浪头，否则就会被淹没在波涛汹涌的大海中。

    "被时代抛弃"意味着落伍，意味着适应不了周围环境日新月异的变化。被时代抛弃有两种可能：一种可能是时代的突飞猛进，另一种可能是个人的不思进取。

    "人生有一个最大的悲剧/那就是当你意识到自己/将被时代抛弃"这节诗是诗人张学梦寄语中学生的，其教育意义尤为显著。是一位长者在伴随社会发展的多年阅历中积累的人生智慧，也是对人生、对社会的慨叹，慨叹之余，流露出对中学生无限殷切的希望，善意的提醒，颇有"劝学"的味道。

简短，富于哲理的诗句极其好记。如果遇到以下这样的作文内容，穿插进去，颇具说服力：珍惜时间，不要浪费一分一秒。

时代不会等待任何一个人，我们只能追赶，积极为大脑充电，跟上时代发展的步伐。如果我们要想写以上主题的作文，就可以如此开头："人生有一个最大的悲剧，那就是当你意识到自己将被时代抛弃。现代社会的发展突飞猛进，日新月异，常常一觉醒来，发现身边又多了很多高级、精致的东西，让人不知所措，眼花缭乱。如果不想被这个时代抛弃，我们该做些什么呢？"由此展开论述，提出自己的观点。

严冬的爱抚和鼓励

我仿佛突然知道
由于严冬的爱抚和鼓励
柔弱的水
也会坚强地站立

李琦《冰雕》

冬天，万物凋零，尤其对于中国的北方来说更是冰天雪地的世界。也正是在这种特别的条件下，有一种景致才能得以展现，那就是"冰雕"。可以说，严冬的寒冷造就了冰雕，给冰雕无限的生机。当众人沉浸在冰雕的美中之时，李琦却独自发现了"严冬"的可爱之处，是"由于严冬的爱抚和鼓励"才使原本"柔弱的水也会坚强地站立"。真是奇妙的发现，在诗人眼中"严冬"不是无情，不是扼制生命的代表，恰恰相反，它给世界的是"爱抚和鼓励"，它给予了世界一种坚强的品格，冰雕便是最好的体现者。

这首诗给我们一个新角度，首先对于描写"冬天"的题材来说，我们又多了个崭新的角度，除了旧有的"寒冷""冷酷""雪景"等方面外，我们可以从诗句中引出冬天温柔的一面，虽然这个主题的发掘有一定的难度，但是我们可以在作文中直接引用这节诗，然后再提炼出冬天具有"爱抚和鼓励"的一面，这样就自然多了。按照这个思路走下去，无疑会写出一篇立意巧、角度新的好文章来。避免了与冬天的旧有的主题重复的窘境。不仅如此，我们还可以对人生的"严冬"——磨难，挫折，失败的价值进行严肃的思考。我们从冰雕的形成中懂得强者与弱者的区别就在于：强者抵住磨难，战胜挫折，从失败中能够坚强地站起来。弱者一旦学会坚强，能如"水"在"严冬"中立成冰雕一样，那么他也就成了强者。看来，作者写冰雕也是在写人生。由此，我们可以论述"人遇到困难并不是坏事，反而会让你更加坚强"的主题，困难越大，人生的道路也就越壮观。它可以使人变得坚强。论述中，我们可以用这两句诗作喻，如：水在冬的爱抚和鼓励下，能够坚强地站立成为一种极美的景致——冰雕；人同样也会在如严冬的困境中，坚强地站立成为强者。困难与挫折给弱者的是磨炼的机会，给强者的是展示的机会，困难与挫折给予人生的意义要比顺境更为丰富多彩。

孩子/在土里洗澡

孩子

在土里洗澡；

爸爸

在土里流汗；

爷爷

在土里埋葬。

臧克家《三代》

臧克家的抒情诗向来具有质朴、简洁、冷峻、深刻的艺术特色，这首《三代》就是一个显著的例子。

这首诗由三个排比句式组成，简单浅显的遣词造句没有任何的修饰与形容，总共才21个字，可以说是简单明了到了极点。但简洁的语言中却蕴含着深意。三代人从"孩子"到"爸爸"直至"爷爷"虽然有着不同的行为，但是诗中不厌其烦地重复"在土里"，正是以此突出三代人与土地间无法分离的牢固关系，尽管日月穿梭，四季更替，他们对土地的依附却始终不变。

诗人对旧社会农民的生存境遇是怀着深厚的同情的，但他在写诗时却力求把自己的感情隐藏在所描绘的对象后面，不作直接的袒露和宣泄。把最实质的叙述摆出来，让读者自己去体味。这种写法在我们作文中运用得不是太多，一般来说，我们极力推崇的是那种情景交融、借景抒情的表现手法，采用的是将作者的观点、立场、喜恶等情感倾向在文章中都明确地传达出来的表达方式。写大海便禁不住大声赞美起广阔的胸怀，宣泄自己澎湃的热情；写故乡，结尾就会说"我多么想回故乡，故乡是多么让人怀念，多么美好"……诸如此类的抒发比比皆是。而与之相反的不露声色的叙述在表达效果上却有其独特的无法替代的作用。就像深埋在地下的宝藏，埋得越深，就越有魅力，就越吸引人，越值得去研究挖掘。作者内心的感慨有时不必直接地显示在文章中，用自己高声的呐喊去感动说服对方，倒不如对事实以单纯的表述来征服读者。对事实如实的表述，同样会诱发出读者与作者相同的情感来。

以生命之钥/探取宇宙的秘密

……

树伸向无穷，

以生命之钥

探取宇宙的秘密。

覃子豪《树》

诗人覃子豪的《树》一诗写得相当深刻，富有哲理，耐人寻味。

生命在扩张

到至高、至大、至深邃、至宽广

天空是一片幽蓝

永恒而神秘

树伸向无穷

以生命之钥

探取宇宙的秘密。

"树"生命的"扩张""至高、至大、至深邃、至宽广",将"生命"的形式推至了广阔无限的天地之中。"天空"代表了"永恒而神秘"的空间,"树"的所有努力都是在扩展自己,以趋向于这"幽蓝"的"永恒而神秘"的空间。"树伸向无穷,以生命之钥/探取宇宙的秘密",这是诗人从"树"的生长形态中挖掘出来的深层意蕴,但是它给我们带来的思考又不只是归于"树"简单的形象,我们会想到很多如"树"生长一样发展自我的人。他们正是那些"以生命之钥探取宇宙的秘密"的探索者,于是我们回顾历史:他们中有居里夫人,那不知疲倦的忘我工作的身影就是伸向无穷宇宙的"树",在"镭"的跳动的亮光中她发掘了宇宙的一处神秘;他们中有爱迪生,"做一次试验,就有一次收获!"求实认真细致使他终于找到了能给世界带来永远光亮的钨丝的先驱者——日本竹丝;也有葡萄牙航海家麦哲伦,为了证明地圆说,由西班牙出发,进行首次环球航行,即便他不幸死在了充满艰险的征程上,但是他伸向宇宙的目光与脚步却永远地记载在历史的丰碑上了。

这些都是在用生命寻找宇宙奥秘的人，他们也就是诗人笔下的那棵"树"的化身，"以生命之钥/探取宇宙的秘密"是我们对他们的精神最为恰当的一句评价吧，当我们真切地理解了这句诗之后，同样可以引用到作文中去评价你所选定和赞扬的探索者的形象。

时间是风

时间是风，能吹人年轻

能吹人年老，将须发吹掉

余光中《自塑》

"时间"这个物理名词在与人类历史共同转动的过程中，引起人们对它无限的思考。不仅思考它的物理性内涵的特殊性，还赋予它更多的哲学意蕴、人生慨叹。余光中先生的《自塑》中的"时间是风"便出此一辙。

诗人慨叹"时间是风"，这个比喻极为精致。风，没有形状，人们却可以感知，它改变着我们身边的事物。风吹树动，虽然看不见风，但从树的身上我们看出了风的存在。下一句揭示的不是时间的存在，而是时间对于我们的意义：

"能吹人年轻/能吹人年老"，一组反义词构成了意义的对立。这种对立正体现了时间的特性。懂得珍惜时间的人，能够抓紧每分每秒，在有限的时间完成更多的事情，无疑这是在延长生命、延长青春，从这个意义上来说，是"吹人年轻"。相反，让时间白白浪费掉的人，只能跟着物理的时间迅速变老。

这两句诗给我们深刻启示：时间的价值要看我们如何操纵，如何驾驭，稍一放松，它就会从我们身边溜走；而一旦我们紧紧把握它，就会风驰电掣般飞向我们的理想与目标。

诗中所反映出的时间的二重性正是我们论述"珍惜时间"的论据，可以从此切入，展开论证；我们也可以把余光中的两句诗作为《珍惜时间》这篇议论文的开头，如："台湾诗人余光中在《自塑》中有两句诗：'时间是风，能吹人年轻/能吹人年老，将须发吹掉'，细细读来，我们不禁会为诗中的哲理所折服。'吹人年轻'与'吹人年老'揭示了时间的特性……"接下来，我们就可以阐述时间的特性，并举相应的两方面的事例进行对比论证，从而得出"应该珍惜时间，善于利用时间"的论点。

生活正应像你这样充满音响

……

对水藻是细语，

对巨风是抗争，

生活正应像你这样充满音响

波——浪——啊！

蔡其矫《波浪》

这节选自蔡其矫《波浪》一诗的最后一节，总结前文的"你抚爱船只，照耀白帆"与"却比暴风还要凶猛"，再次申明波浪的两重性格，这两重性格截然相反：一个是"细语"般的温顺，一个是"抗争"。一个是对"水藻"，一个是对"巨风"。两者的区别是"水藻"代表了弱小者，而"巨风"则象征了强权的邪恶势力。两者的区别正说明了"波浪"同情弱者，抵抗邪恶的爱憎分明的性格。由此，波浪的性格有了更深的含义。我们不禁联想到鲁迅先生的"横眉冷对千夫指，俯首甘为孺子牛"爱憎分明的立场，联想到雷锋日记中的"对待同志要像春天般温暖；对待敌人要像秋风扫落叶一样残酷无情"的典型性格。美好的性格不是永远的温顺，也不是永远的抗争，而是要爱憎分明。诗人从"波浪"的身上看到了这种性格，因而大声歌唱。希望"生活正应像你这样充满音响"，有震耳欲聋的重击，也有山间流水的清脆。最后一句"波——浪——啊!"情深意切，好像在深沉的呼唤，又好像由衷的感叹。

这里"波浪"的形象是诗人高声赞美的，与艾青《礁石》中面对一个又一个浪"无休止地扑过来"的"礁石"所表现出来的乐观向上的形象是完全不同的。由于作者感情倾向不同，切入景物的角度以及侧重点不同，所以即便是同样针对"波浪"这个题材，也会有不同的甚至是截然相反的表述与挖掘。所以在描写"柳树"时，会有"万条垂下绿丝绦"的柔美，也会有"柳树的随风摇摆"是没有主见的批评，甚至会由柳絮的随风升起又随风而落引发出趋炎附势、见风使舵的立意。这都是符合"柳树"题目的。从不同角度挖掘主题，正是作文的新意所在。只要言之有理，都可以成为一篇好文章，因为作文贵在新，绝不是要整齐划一。

风雨写着他的风雨人生

没有昨夜一场暴雨
哪有路上这深深的脚印
风雨中的路人哟，
风雨写着他的风雨人生

叶文福《脚印》

《脚印》一诗读起来好像是格言，简短而意义深刻。但品味起来却又胜过格言，因为格言一般都是以理为主，缺少形象性，可感性，理性色彩较强。而《脚印》一诗却富有形象感，全诗突出了可感的形象，以形象来说理，自然流畅，语气委婉而恰当。

全诗四行，前两行以一个条件句出现"没有昨夜一场暴雨/哪有路上这深深的脚印"，说明正是这一场暴雨使道路泥泞，踩上去才能留下一串串深深的脚印，换句话说，没有暴雨，就没有深深的脚印，脚印是依靠暴雨来实现的，两者的关系极为密切，同时，这又是一个反问句式，反问的语气加强肯定的表达效果。"风雨中的路人哟/风雨写着他的风雨人生"，这两行诗中出现了三个"风雨"，但意义却有所不同。对于第一、二个"风雨"，我们可以把它们理解成自然的"风雨"，而第三个"风雨"则超越了自然意义上的"风雨"上升到了更高的一个层次。事实上，它暗指着人的一生中的风风雨雨，即生活中的困难、坎坷的经历。因而，全诗的意义可以由此加深到"人生与困难"或"成功与挫折"的关系这一层面上，诗以辩证的角度阐发了两者的关系。正如一般人所认定的，困难会阻碍人生的前进，但同时，从另一方面来看，困难也是前进的动力。没有困难，人生可能就会停滞，不能进取。这层意义往往被很多人不理解或者根本没有发觉，诗人以其敏锐的观察力和深刻的生活感受，以具体可感的形象将丰富的哲理呈现给读者。

如果大家能够深刻地把握小诗所隐含的丰富的生活哲理，就可以在作文中适时地引用，以增强文章的感染力。如在以《困难是什么?》《困难并不可怕》《"逆境"之我见》《小议风雨人生》等主题的文章中，我们就可引用这则短小的诗句来议论和阐明自己的观点。内涵深刻、耐人回味的诗句被引用到作文里，会起到画龙点睛、以少胜多的效果。而对于抒情性的文章，我们也可以引用，或者是劝慰，或者是证明，还可以是赞扬，无论从哪个角度介入，都会给读者留下深刻的印象。

行动才是坚实的生命

行动才是坚实的生命
美丽的思想等于生活的无力

唐湜《遗忘》

人们时常讨论思想与行动的关系，也有各不相同的见解。诗人唐湜在《遗忘》一诗中掷地有声地宣称："行动才是坚实的生命/美丽的思想等于生活的无力"。这是针对一定的时代背景而发的感叹。但是去除掉外部一切客观因素，只就诗句而论，这两句诗是有着充分的道理的，是诗人经历了现实生活并真实地感知生活而得到的真谛。

诗人肯定行动，认为那是证实生命的存在、证实生命的力量。生命的根本意义就是在行动与创造中去实现，去完成的。而对于"美丽的思想"的态度，诗人并不是说思想要不得，而是对那些虚幻的、被"幻美的皮壳"所包裹的思想持否定态度："美丽的思想等于生活的无力"。这一点可以从诗的第一节"我曾爱童年的天地如花/我曾爱遥远的幻想的金车/现在我蜕去这一切幻美的皮壳"中发现。诗人阐述了对"行动"与"思想"的看法之后，写道："我不愿学孱弱的尼采，大声叫嚣/要征服别人，却征服不了冰冷的自己。""冰冷"一词我们可以看出"思想"的毫无热情，飘浮的孤独状态，人的生命本来就应该在行动与实践中不断碰撞、不断追求价值，而不应该闭门造车。

这两句诗是对生命的感悟与发现，是诗人智慧的结晶。对于这样短小而富有哲理的诗句，同学们最好能够记住，一方面是对自己生活的启示，另一方面，作为生活素材用在作文中，可丰富文章内容，又增强哲理深度。该诗可与以下主题相联系：

去反驳好高骛远，不切实际的生活态度，阐发人生需要去实践，在实践中不断积累经验，丰富自我，发展自我；

使人成功的往往不是你想得如何好，而是你能够踏踏实实

地将你的想法付诸实践；再美好的理想没有实践，就像断了线
的风筝，再美丽也只能一头扎到地上；

　　赞美那些敢于行动，不沉迷于幻想的人，同时也可以批评
那些无任何实践经验却一味陶醉于大道理的高谈阔论者。

交流的欢乐会使心房颤抖

　　　　　　没有越不过的界线
　　　　　　没有跨不过的鸿沟
　　　　　　当两只友好的小舟在途中相遇
　　　　　　交流的欢乐会使心房颤抖

　　　　　　　　　　李士非《交流》

　　人与人之间有情感交流的需要，它代表了人生存的价值与
特征。并且通过情感的交流能够克服诸多困难，正如李士非在
《交流》一诗中所说的："没有越不过的界线/没有跨不过的鸿
沟"，可见交流的巨大力量。接着诗人又说"当两只友好的小舟
在途中相遇/交流的欢乐会使心房颤抖"，两只航行在大海中的
小船在颠簸的风浪中相遇，快乐的交流使它们的"心房"似乎
在颤抖。诗人虽然写小舟，但是细想起来，那相遇的两只小舟
不就是在茫茫的人海中偶然相遇的两个人吗？小舟相遇所产生
的快乐不也正是相遇的两个人的快乐吗？那快乐足以让两个人
的心脏剧烈地怦怦跳个不停，心房也随之颤抖了。

诗人先写"交流"具有巨大的能量和强劲的势头，而后以事例证明"交流"的欢乐，极具条理。这一小段写尽了"交流"所带来的快乐，所以如果我们碰到类似《谈交流》《小议"交流"好处多》的题目时，我们便可以引用这节诗，"没有越不过的界线/没有跨不过的鸿沟"，既增加了夺人的气势，又可作为下面论证的中心句，由此可展开论述。而后面的两句诗又可以作为模拟论证前者："'当两只友好的小舟在途中相遇/交流的欢乐会使心房颤抖'，大海中的小舟尚且都如此珍惜这种交流，何况我们人呢？"虽然前一类事实不可以用资料形式来衡量真实性，但这并不妨碍议论的可靠性，反而会增加一定的趣味性，在议论中情理交融，妙趣横生。

流浪的日子
我渴望着宁静的港

流浪的日子

我渴望着宁静的港

但是我知道

有着摇篮和歌的日子

我也会向往那沙鸥与海

李莎《矛盾》

　　无论是现代著名诗歌还是我们日常练笔的作文，之间肯定会有诸多不一样的地方：影响会不同，思考深度会不同，语言的精炼程度也会有所区别。但是有一点是相通的，那就是主题，两者都是在力图反映人的生存际遇、生存状态和生存实质，这也是所有文字的意义与价值所在。而在这个社会中，人无疑是主要反映对象，纵然许多文章反映出来的并不是以人为主，但有一点决不能否定：都是以人的视角观察这个世界，包含着人的选择与定位的目光。因而，人成为最重要的主体，认识人也就成为最重要的问题。李莎的这首《矛盾》正是从一个特别的角度反映了"人"的矛盾心理。

　　"流浪的日子/我渴望着宁静的港"中"流浪"与"宁静"意义相反，构成强烈的对比，反映了所有漂泊者的心声与渴望。只这一句，不知要撞开多少人情感的大门。接着诗人又调换了位置，从相反的角度展开联想："但是我知道/有着摇篮和歌的日子/我也会向往那些沙鸥与海"，"摇篮和歌的日子"代表了祥和、幸福、快乐、安稳的生活，诗人又非常自信地断定那时又会想念流浪的日子。这就是人拥有的一种不合情理的生存的悖论，即向往与自己现实所拥有的对立的生活。这两种向往又是人永远无法同时实现的，于是人陷于自己设置的烦恼的笼子中。它是人们潜意识中共有的，只不过在不同阶段强烈程度有所差别。所以在文学中无数的作品都在表现着人物复杂而矛盾的内心世界。我们写作文更是如此，常常要去表现人的心理活动，情感世界，思想变化。

　　这也是人的题材必然会涉及的，会表现出来的，这首诗为我们展示了人奇怪的一面，却也是真实存在的一面。这就宏观意义而言，为我们认识人生、认识社会打开了一个窗口，这不属于操作层面的技巧性的知识，却是我们表达内心感受和情感的一种独特的方式，其中辩证地看问题的方式与角度对我们也是颇有益处的，不仅仅表现在微观的作文写作上，更重要的是它涉及和影响着我们生活的方方面面。

谁耽于幻想而倦于守候
谁就不免错过

......

谁耽于幻想而倦于守候

谁就不免错过

夜，只为缄默地等待而夜

......

马丽华《日暮》

马丽华以组诗《我的太阳》饮誉诗坛。组诗包括《等待日出》《日既出》《出午》和《日暮》四首诗，概括了从日出到日落的整个过程，并由此抒发了诗人对太阳的无比挚爱与眷恋之情。《日暮》一诗是这组诗的最后一首，是四部曲的尾声。面对即将西下的太阳，诗人心潮澎湃，写下了"谁耽于幻想而倦于守候/谁就不免错过"的诗句，将内心强烈的感情风暴转化为静静地守候与等待。是自己对自己的劝慰与叮咛，一切离别都是为了重逢，就像夜每晚都会降临，又都是为了下一个黎明的到来做准备一样。重要的是等待，要有耐心地等待，切不可耽于幻想，切不可迷失方向。等待吧！只要善于守候，就不会把幸福错过。这句诗是为日暮所吟咏的，但就诗句本身而论，它展示的意义要远远大于日暮的范畴。我们可就此进行深广意义上的拓展。

诗句所强调的是"守候"意识，拒绝"幻想"，我们在作文中可赋予它不同的语境：

在关于"成功"主题的作文中，我们可就此分析"成功"的取得不能靠沉湎于幻想，要靠我们的不言放弃和寂寞的守候，为了成功的到来我们不可以有一点马虎和懈怠。不管在这个过程中会遇到多少困难与挫折，遇到怎样的苦与累，都要守得住。

同样，我们在讨论关于"幸福"的话题时，也要抓住"幸福"不是凭借幻想产生的，追求幸福的过程也是一种生命的守候。当然，我们这里说的"守候"，它超越了狭隘的"等待"意义的层面，这一点大家要明白，这里的"守候"是一种执着，一种坚毅，排除一切干扰，要一心一意地投入，不沉溺于单纯的幻想中，是去除了浮躁后脚踏实地一步一个脚印的守候。

所以，当我们想在作文中表述这种观点，就可引用这句诗，并将它作以适当的解释与阐述。

你站在桥上看风景

你站在桥上看风景，

看风景人在楼上看你。

明月装饰了你的窗子，

你装饰了别人的梦。

卞之琳《断章》

《断章》一诗写于1935年，作者自己说，这本是一首长诗中的四行，但只有这四行使他满意，所以抽出来独立成章，取名为"断章"。这首诗在中国现代诗歌史上已成为经典之作，历经几代吟诵，意蕴深沉含蓄，历久弥新。全诗文字浅显，句式简单，明白如话，一看就懂。但细细品味，却似乎有什么东西藏在诗中，越想越有意味。

该诗设置了两组意象。一组是：你站在桥上把周围一切活动当成风景来看的时候，楼上的人又把你当作他眼中的风景的一部分来观赏；另一组是：明月的皎洁装饰了你的窗户，而你整个儿的形象或许又进入他人的梦中，装饰了他人的梦。通过两组相关联的意象，诗人表达了一种相对、平衡的观念。人可以看风景，也可能成为风景的一部分。由是阐发一种哲理性的思考：宇宙中万物息息相关，互为依存。明白了事物间普遍存在的相对平衡的关系，人就不应该再有怨尤。这是上升到了哲学较高层次，在我们引用时没有必要去挖掘如此深的意蕴，这样，引用范围反而可以更宽广一些。

　　既已是"断章"，那"断章取义"也不会成为不可容忍的事情。于是，笔者自认为诗还可以看作是一种劝诫：每个人的言行、品质都会成为他人眼中的一道风景，不必担心自己无人问津，要做的是如何努力成为一道亮丽的风景。在作文中，我们也可引用这首诗，说理或抒情。如在抒情文章中，写"夕阳中的风景"，我们就可以直接描写：落日余晖渐渐地消融在云霞里，万丈余晖铺洒在大地上。公园里的长椅上，一些老人沉浸在夕阳中，眯着眼睛，好像在回忆着往事。在落日的余晖中，我不仅观赏着夕阳，我觉得，落日的余晖是一种风景，观赏夕阳的人也是一种风景，正如诗人卞之琳的《断章》中所写的：你站在桥上看风景，/看风景人在桥上看你。/明月装饰了你的窗子，/你装饰了别人的梦。

日子是水一般地流去

> 日子是水一般地流去，流去，
> 问不了那些是欢乐，那些是苦恼，
> 剩下来的，是这坚固的肉体，
> 立在时间的上面，如像是桥。
>
> **番草《桥》**

早在两千多年前，中国的圣人孔子便站在河边感叹过："逝者如斯夫。"也就是说时间像这流水一样奔流不息。两千年之后台湾诗人番草又旧话重提，"日子是水一般地流去，流去"。我们可以把番草的思想归于是他作为后代对孔子思想的继承，但是我们无法否定这也是人类对自己，对生命的追寻过程中所产生的共同感悟。因为即便是对孔子的继承，那也必定有一个认同的前提。它们都共同感受到：在岁月的流逝中，一定有很多快乐，也有很多苦恼，甚至已经无法辨认了，都随岁月流去了。只有生命的历程如桥一样的坚固。

从这一节看，我们能够发掘出诗人忧郁和感伤的情绪，但是我们同样能感受到那"坚固的肉体"，那不问"那些是欢乐""那些是苦恼"的淡泊。这也正是其诗较为积极的精神内涵。

我们可以借此阐发对生命的感叹，领悟与诠释。这种情感常常在一瞬间喷发，然后归于静寂，但给人的触动却是极为深远的，他是人与人之间的共同的情感。可能在面对大海的一刻产生，可能在历经生活的磨砺后产生，或者就是在翻看旧照片的时候产生。所以这首诗的这一节为我们在特定的语境下描写人物的情感提供了新的趋向。

时间就像流水一样容易消逝，生命必须抓住每一分钟，由此我们还可以在"珍惜时间"主题的文章中引用。

生命的意义并不在于获得了多长的时间，而是在时间中实现了什么；

不必计较生命中的苦恼，也不要沉湎于瞬间的快乐中，这些都消逝得极快；

人要用生命从时间中证明自我的价值，证明自己的形象，是强者还是弱者。

　　或者只是感叹时间的流逝：我们回忆中学的生活，和朋友们在一起的快乐的时光，发觉时间过得这么快，一转眼就到毕业了，三年的时间水一般地流去，分不清哪里是快乐，哪里是苦恼，一切都模糊了界限，只有记忆是永远的……在这种回忆性文章中我们就可以引用原诗，或者是诗的内容。

时间是一把剪刀

时间是一把剪刀，

生命是一匹锦绮；

……

时间是一根铁鞭，

生命是一树繁花。

汪静之《时间是一把剪刀》

　　通常我们说"时间像流水，一去不复返"，因此，我们要珍惜时间，否则，生命也将像流水一样流逝得无影无踪。这种耳熟能详的比喻在重复地使用过程中渐渐失去了新意。而诗人汪静之却从相同的题材中挖掘了新意：他把时间比做"剪刀"和"铁鞭"，把"生命"比做"锦绮"和"繁花"，两组比喻生动形象又深刻。突出了时间的毫不留情，生命的异常美丽。两者形成鲜明的对比。生命的锦绮会被时间的剪刀无情地剪碎，成为毫无价值的一堆破布；生命的一树繁花也会被时间的铁鞭击落满地，化成尘土。这样的场景会立刻跃入读者的脑海中，具有极强的震撼力和冲击力。

我们在写关于"惜时"的议论文时就可引用，如在文章一开头便写："诗人汪静之写道'时间是一把剪刀，生命是一匹锦绮'，生动而准确地说明了时间无情的特性，没有人能够把它从'生命的锦绮'上移走，我们所能做的就是珍惜每分每秒，去延长生命的锦绮。"

同时，这首诗又过于悲观，反映"时间"与"生命"组合成水火不容的仇家。我们可以作为反面例子引入，然后再反驳这种观点的不合理来引出自己的观点：人的努力会使生命的锦绮越织越美，时间的无情有时反而会成为生命前进的动力。而非诗人所认定的时间无情的观点。这样就从反面阐释了"人的努力的积极意义""人的主动性"等观点，这样展开论述，会使文章具有较强的思辨性。

含泪的眼，才有最欢乐的笑

可是它得到曙光也最早，
含泪的眼，才有最欢乐的笑，
那光闪闪水灵灵的泪珠啊，
正争着把黎明照耀！

丁芒《露》

本诗与一般咏露诗不同，它不是把"露珠"当作美的自然景物来描写，也不注重对"露珠"外在形态的细腻描写。本文所引的是小诗的第二节。在第一节中诗人把"露珠"看作是哭过留下的眼泪，并推想出世界上的万物都曾在黑夜中经历着痛苦的煎熬："谁知道万物怎么熬过黑夜，/天一亮就看见到处是泪珠，/一片叶一茎草都像哭过，/泪滴上凝聚着多少凄楚！"这种景象并不是优美的，却让人顿生怜意。然而诗人在第二节突然一转，写露珠"得到曙光也最早"，最先得到曙光的照耀。也正是因为有了点点闪闪的泪珠，万物才能享受到朝阳的五光十色，才能察觉出朝阳的色彩斑斓，欢笑才更有生机，更显美丽。

这里，"含泪的眼"与"最欢乐的笑"构成相反意义的对比，露珠承载着两者。我们可以从中发觉出诗人辩证的思考态度，对露珠也是对生活。我们会想到"苦尽甘来"，"经历风雨才见彩虹"，"经过严寒才深知阳光的温暖"诸如此类的人生体验，会联想到"吃得苦中苦，方为人上人"的奋斗经历。即便自己深受苦难，也不忘执着地去追求光明，去关心他人，去实现担在身上的重任，像雷锋，像张海迪那样用他们各自年轻热情的生命，给别人带来幸福与信心；像祖国千千万万个人民子弟兵，为祖国的安全，人民的幸福，驻守在国家的边防线上，一丝不苟，任劳任怨，守着那句"苦了我一个，幸福十亿人"的铮铮誓言。这些都可以成为我们作文中的一部分。诗人将如此丰富的生活哲理寄托在对露珠的吟咏当中，化抽象为具体，不仅显得真实亲切，而且优美动人，更易于让人接受。

创造陌生的新奇

只有改变的约束

才能创造陌生的新奇

黄淮《飞翔的滑雪板》

　　这是《飞翔的滑雪板》中的一首。虽只有两行，却包含了深刻的人生哲理。

　　全诗实际上只是一句话，以"只有……才能"衔接，组成一个必要条件的复句，也就是说，"只有"所引导的"改变的约束"是实现"才能"所引导的"创造陌生的新奇"的唯一条件。除此之外，再无其他的办法了。该句式的运用足以突出"改变的约束"的重要性。在我们写作的过程中，也常要使用以关联词衔接的复句，它们可以使文字顺畅，上下文连接紧密，并且条理清楚。因而，掌握并熟练运用各种关系复句是非常必要的。它可以使文章增加力度。如下面这一段引自《初中生议论文精品大视野》中一名来自江苏的于棋同学的《论"争"》：

　　　　认定目标去争，就应该坚持到底，决不半途而废。即使在前进的道路上遭受挫折，也应该毫不畏惧，继续争取。虽说对于同自己不同的见解要据理反驳，但是，也不能一条胡同跑到底，一味地蛮争。也就是说，如果争论的结果确实是自己错了，也必须坚持真理，改正错误；如果是人家错了，还应区分矛盾性质，选用合适的斗争策略，使人心服口服。

这一段的行文就展示了关联词有效的衔接作用。

从内容上，其深刻的哲理可供我们仔细地审视。虽然是以"飞翔的滑雪板"为题统摄各句，但本诗实际上是在阐发人生的道理。"改变的约束"包含两层含义："改变"强调了变化的态势，这包括求变的思维和求变的行动。而"约束"，我们可以理解为纪律意识。所以"改变的约束"是要求不断变化，变化成为一种规则，在这种规则下的运作，变化成为一种要求，在这种特殊规则下的运作，才可能成功，才可能"创造出陌生的新奇"来。

小诗揭示了成功的必要条件，我们还可引申出"变"的深刻意义："变"可以通向成功，"变"也代表了纪律意识，尤其能体现出自律意识的价值；人生必须鞭策自我不断地遵守求变的纪律，才会成功。

这个道理有很多事例，如在科学史上，纽可门发明了抽水式汽轮机；瓦特研究了纽可门的发明，但没有沿着他的这条路往下走，而发明了热蒸汽机；狄塞尔研究了外燃机原理，也没有沿着瓦特的思路走下去，而最终发明了内燃柴油机。这证明了要努力求变，才会有新的发现。

反之，则是"守株待兔"的寓言意义，它从反面启示我们：不能把世界当作一成不变的，更不能因循守旧，那样，是绝不会有"陌生的新奇"的。

只能选择一条路前进

一千条道路通向圣地

只能选择一条路前进

黄淮《飞翔的滑雪板》

　　这首诗的前一句"一千条道路通向圣地"让我们想起了一句西方古老的谚语："条条大路通罗马。"我们也常常用这样的意思来安慰那些失败的人，来宽慰自我。谚语中表现出生活具有广阔的空间，所以不必担心无路可走。这一条路走不下去了，我们能立刻去找到另一条路继续走。但黄淮却发现这通向圣地的一千条道路中，走在我们各自脚下的却只有一条！这种洞察的深刻性已超过了我们对生活情感的深度。诗人透过纵横无数的表面，挖掘到了深层的本质。对世界而言，的确有众多的不同道路通向圣地，但对于自我个人而言，道路却是只有一条。出发前的诸多选择，一踏上征程就变成唯一的一条路了。虽然听起来有一点残酷，但这就是生活的本质。

　　第二句诗的出现改变了原有的含义，意义发生了重大的转折。这首诗渲染了严峻的人生现状，不管生活如何丰富多彩，我们只能选择一种方式。因而一旦选择了，就认定走下去，不必再去东张西望，左顾右盼，那样只会耽误选择，错过了大好时光。正是由于每个人都选择了一条道路，世界才会呈现出千姿百态的情形。由诗衍生和引出的这些联想我们可以用在作文中去打破那些想象生活会捧出各种希望的不切实际的幻想。这是劝诫，也是警告，生活给我们的确提供了各种希望，但是当我们一旦选择了，就意味着我们要走下去，其他路边的风景便远离了我们。当然，这不是说这条路无法改变，一辈子走下去，但即便我们改变了路，脚下的始终就是一条路。

该诗新颖的思考角度和深刻的洞察力为我们在写驳论的议论文时提供了思路，我们可照此写一篇《并非条条大路通罗马》，从个人的角度探究生活的本质，纠正人们从格言中得出的"总是有希望的"偏颇心理。

不满正是对变革的希冀

呵！不满正是对变革的希冀，

呵！不满乃是那创造的发端。

骆耕野《不满》

骆耕野对"不满"的描述，从"变革"与"希冀"两方面着眼，阐述了不满对创新的意义与价值。这种思想会触发我们想起鲁迅先生的一句名言："不满是向上的车轮"，两者具有异曲同工之妙，都是在阐释不满的进取意义。

诗人感叹"不满正是对变革的希冀"，只有当人们产生了对生活的不满足，才可能去希望改变，去寻找新的事物。一切变革的希望来源于最初的不满足。"不满乃是那创造的发端"一句揭示了"不满"与"创造"的关系，创造是对新生事物的构思和设计，这都源于对旧有事物的不满足，才诱发了这种创造。

两句诗逻辑性强，句式整齐又具有哲理性，可作为格言引用。

我们可以引申到这样主题的作文中：

对幸福美好生活的追求；进取精神的产生；改革意识的获得；创新思维的形成……

相应的事例很多：如中国的改革开放思想就是源于对物质和精神生活的更高追求；许多事业上获得巨大成功的人，他们的原有生存环境非常恶劣，正是由于他们不满足于这样的生存环境，才会积极努力，发愤图强，最后终于改变了自己的人生。有人不满足于沙漠，所以植树造林；有人不满足于平庸的生活，所以才去创造美好的生活。

所以我们在作文中可以把这两句诗看成是人生经验的结晶，也是成功的启示，可作为事实的总结，也可以是文章中直接提出的观点。

天真的眼睛到处看见朋友

天真的眼睛到处看见朋友
阴沉的眼睛到处看见敌人
……

流沙河《眼睛》

诗人以六个排比句表达"不同的眼睛会发现不同的世界"的主题思想。全诗如下：

> 天真的眼睛到处看见朋友
> 阴沉的眼睛到处看见敌人
> 恐惧的眼睛到处看见陷阱
> 贪鄙的眼睛到处看见黄金
> 忧愁的眼睛到处看见凄凉
> 欢笑的眼睛到处看见光明

天真的眼睛没有猜忌，充满了信任，所以它觉得到处都是朋友；阴沉的眼睛释放出冰冷的目光，于是他觉得周围的人也和他是一样的，充满了敌意。按照同样的逻辑我们可以得出：恐惧的眼睛无论望向哪里都觉得充满恐惧，如同看见陷阱一般；贪鄙的眼睛恨不得将一切都变成黄金；忧愁的眼睛中看到的世界满是凄凉的风景；欢笑的眼睛觉得整个世界都充满光明。

小诗写不同的眼睛，实际上是写用不同眼睛去观察世界的各种人。我们可以从几个角度来分析挖掘，同时也是作文引用不同的切入点。

人生观不同，就会对周围的世界产生迥异的想法与判断，甚至相反。

世界是要靠我们每个人自己把握与创造的。所以别去抱怨社会的不公平，你的快乐、幸福只能依靠你自己去寻找去创造。

另外，我们也可以用"投之以桃，报之以李"的因果关系去分析个人价值与社会价值的实现，你给社会以真诚，以无私奉献，社会也就会还以更大的回报。同样，你不容社会和他人，社会也无法包容你。

罗丹曾说过"我们的周围不是缺少美，而是缺少发现美的眼睛"，小诗也可以和这句名言联系起来相互印证。

不要轻视小东西

不要轻视小东西

一块砖头会绊倒巨人

一支小小竹杖可以支持你去攀登高峰

鲁藜《鹅毛集》

这两行小诗集中阐述了"不要轻视小东西"的道理，砖头虽小，也会将巨人绊倒；小小竹杖足以支持你去攀登高峰。这则小诗只有三句，论述却极为清晰，有条理。它代表了议论文的一种基本结构。

首先，诗人直接阐发了自己的观点："不要轻视小东西"，即可理解为议论文中的中心论点。然后，阐明理由。

"一块砖头会绊倒巨人"，这是从反面说明的，如果"轻视小东西"，即便你是巨人也会被一块砖头绊倒，说明就是一块砖头都不可忽视；"一支小小竹杖可以支持你去攀登高峰"，则从正面说明小东西的有用。从正反两方面论证，显示出缜密的思维逻辑，具有很强的说服力。

这种结构可简化为"提出中心论点——正面论证与反面论证的结合"的模式。在议论文中这是很常用的结构。湖北一位叫艾欣的同学写的《适当地加点压力好》中就采用了这种论述方法，首先提出论点：适当加点压力好。接着，从正面进行道理和事例的阐述：来自多方面的压力，会在工作、学习等方面产生神奇的功效。战胜对手，取得成功。然后又从反面进行论述：压力要适当、适度、把握分寸。以假设推理来阐明急于求成、盲目加压只能适得其反，把事情办糟。

有很多论点都可以从正反两方面去论证，如"论自爱""论信念""论惜时""论谦虚"等等。

在内容上，该诗可作为"勿以善小而不为，勿以恶小而为之"的一个论据。

所有的追求都是痛苦的

所有的追求都是痛苦的
需要付出生的勇气、死的代价
岁月，因思考而成熟
生命，因奋斗而永恒

许德民《浮雕群》

诗人站在浮雕群前，面对英雄的塑像，面对历史，无限感慨油然而生。诗人动情地浓缩着英雄的历史，提炼出了英雄精神的实质："所有的追求都是痛苦的/需要付出生的勇气、死的代价。"诗人从历史，从英雄们身上得出一个充满着睿智的结论："岁月，因思考而成熟/生命，因奋斗而永恒。"这也是诗人对后人的忠告，情感深沉厚重，感人肺腑。

这是诗人从浮雕群中体味出的人生的意义：追求需要付出很多，甚至包括生命在内。纵然追求过程是痛苦而艰辛的，但却因此使生命获得了永恒的意义。这种追求可能是个人的远大理想，自我价值的实现，也可能是为了国家，为了整个民族的发展和繁荣的伟大梦想。在不同的历史年代，它有着不同的表现形式。在贫困的年代，这种理想是追求温饱；在温饱的年代，这种理想是追求富足；在富足的年代，这种理想是追求精神的自由。但无论是物质还是精神，个人还是集体抑或国家，在实现理想的道路上都必须付出巨大的代价，唯其如此，生命才会在经久的岁月中实现永恒。

这是总结历史的经验，因而具有很强的说服力；这也是诗人个人的感悟，因而具有深沉的情感力量。两者的完美结合使诗句感情充沛又富于哲理，我们可在抒情的文章中引用。同时，也可以将相似的或由此引发的感悟用自己的语言表达出来，形成自己的思想。

一年年地落

一年年地落，落，毫不吝惜地扔到各个角落，
又一年年地绿，绿，挂上枝头，暖人心窝。

无论多少人在春天赞许，为新生的嫩绿而惊喜，

那秋天还是同样，一团又一团地被丢进沟壑。

杜运燮《落叶》

小诗一共两节，这是第一节。写落叶年复一年地凋零，又年复一年地新绿。"毫不吝惜"一词流露出落叶的不畏凋零的精神。"无论多少人在春天赞许，为新生的嫩绿而惊喜，/到秋天还是同样，一团又一团地被丢进沟壑"，这是自然不可变更的规律，同时，我们也可以从中挖掘出更多的与人有关的精神。这种"落"的行为包含了敢于舍弃名利，能够正视自我能力的平常心态，人的一生中有春，有秋，有高挂枝头的辉煌时刻，也会有时过境迁面对痛苦、遭受挫折的际遇。小诗中，以平和的语气把它们当作自然界中的四季轮回一样平常。因此从该角度来看，在作文中，我们可以用这节诗去劝慰那些失败，或遭受人生重大转变的困惑者。

"一年年地落，落，毫不吝惜地扔到各个角落，/又一年年地绿，绿，挂上枝头，暖人心窝"正是代表了起落的人生，代表了对待起落人生所应具有的平和的心态。

从小诗中我们还可以联想到社会的发展与进步的规律：推动社会不断进步的不是一代人的拼搏努力，而是要形成"长江后浪推前浪"的代代趋势，不能墨守成规，要勇于推陈出新。社会的前进必然使原本先进的逐渐变得落后。这如同叶子经春入秋凋零的自然规律一样不可逆转。

小诗的第二节，诗人将落叶的历程比做"一个严肃的艺术家，总是勤劳地，耐性地，/挥动充满激情的手，又挥动有责任感的手，/写了又撕掉丢掉，撕掉丢掉了又写，又写，/没有创造出最满意的完美作品，绝不甘休"。这也可以作为我们引用该诗的又一个角度。

生命是一块烧红的铁

意志是坚冷的铁砧，
生命是一块烧红的铁，
在生活无情的捶击下，
它散出了灿烂的星花；

屠岸《生命没有终结》

我们写关于理想、人生、成功等内容的作文时，经常会论及毅力与意志的重要作用。有很多同学习惯列举"只要功夫深，铁杵磨成针""有志者事竟成""苦心人，天不负"的名言。这些的确是历史上极有名的事例与格言，说服力强，但是，我们写作文贵在"新"，"千篇一律"是写作文的一个大忌讳。所以大家要注意积累其他相关论据。诗人屠岸的《生命没有终结》的开头几句给我们提供了一个新颖又具有深刻意蕴的论据。

诗人用暗喻把"意志"比做"坚冷的铁砧"，而把"生命"比做"烧红的铁"，两者的密切关系在喻体中呈现得清晰、透彻。"铁"必须在"砧"上寻找支点和力量，也就是支撑生命的意志。"在生活无情的捶击下，它散出了灿烂的星花"，生活中的磨难对生命进行不断的捶击。因为只有在意志的砧板上，铁才能"散出了灿烂的星花"。其中的"星花"一词，我们可以把它理解为"成功"。从以上分析来看，诗人借用比喻的修辞手法形象而深刻地阐述了意志对于人生、对于成功的重大价值与意义。这样的内涵与前面提到的各个名言名句具有异曲同工之妙。并且就引用角度而言，新颖，具有意蕴，因而，我们可以把它作为一个论据引入文章，可以放在论述之前，作为开启的引子，也可以放在作文的末尾，由先前的论述而联想到该诗，两相呼应，加深论证的力度，结束全篇。

离开了土壤的花瓣是苍白的

从一抔泥土里闻到了花的芳香，
从一片花瓣中嗅到了泥土的气息。

有生命的花朵必有泥土的气息，
有生机的泥土必哺育芬芳的花朵。

离开了土壤的花瓣是苍白的，
抛弃了花朵的土壤是贫瘠的。

巴·布林贝赫《生命所在》

花朵的艳丽娇嫩总是受人称赞的，人们喜爱将华丽的辞藻用在花的身上。诗人巴·布林贝赫却发现美丽的花背后的泥土：

> 从一抔泥土里闻到了花的芳香，
> 从一片花瓣中嗅到了泥土的气息。
>
> 有生命的花朵必有泥土的气息，
> 有生机的泥土必哺育芬芳的花朵。
>
> 离开了土壤的花瓣是苍白的，
> 抛弃了花朵的土壤是贫瘠的。

诗人在《生命所在》一诗中阐述了花与泥土之间的紧密关系。并得出"离开了土壤的花瓣是苍白的，抛弃了花朵的土壤是贫瘠的"的结论。

的确，植物如果离开土壤，那么生命就失去了源泉，也就意味着花朵会凋零，枯萎；反过来，不能使花朵开放的土地，必定是一块贫瘠的荒漠。花和泥土的生命存在与发展都依赖于对方的生命。失去一方即失去另一方。这就是生命的意义，也就是本诗所意欲表现的主旨。

诗人的这个观点是正确的，但是我们还可以作深层的思考，我们会发现两者的地位是不同的，土壤的生命是内在的，需要花的生命来表现；花的生命是外在的，依靠土壤的培育。所以泥土是花的生命来源，花是土壤生命的表现。两者是源与流的关系。

这首诗晓谕了生活的哲理。由"花"与"土壤"的关系，我们可以想到共产党与人民群众的党群关系，中国共产党要依靠强大而坚实的群众力量，同时，人民也要依靠党的领导去实现富强的理想；我们也可以想到作文与生活的关系，作文取材于生活，又是生活的一种展示。因此说诗句揭示的是一种相互依存、共同发展的哲理。我们还可以引申到个人与集体，与祖国的关系的层面上来。诗句表达的"花"与"土壤"的关系是确定的，但内涵却不确定，我们可以按照自己的经历与体验、理解与需要去赋予、充实，这就为我们作文提供了灵活的材料与广阔的空间。

不该消失的就不该消失

不该消失的就不该消失
应该永存的就应该永存

万忆萱《并未消失……》

诗人怀着一种坚定的信念"不停顿地求索""不间歇地苦苦追寻"，原因就在于他执着地相信："不该消失的就不该消失/应该永存的就应该永存"：

不该消失的就不该消失
应该永存的就应该永存

我相信只要有拳拳童心

就会挽住即将流逝的青春

因此我才不停顿地求索

不间歇地苦苦追寻……

在整首诗中，诗人虽然并未点出什么"不该消失"，什么"应该永存"，但读者完全可以凭借自己对生活的感悟去理解，去体味。这也为我们引用该诗提供了多个灵活的角度。我们可以联想出很多方面：

真理不会消失，纵然有时会被荒谬遮掩，但总有水落石出的日子，所以我们可以用这句诗来揭示坚持真理、寻找真理的可行性与为追求真理精神的价值；诚信不该消失，无论是在计划经济还是市场经济中，也无论商业竞争如何残酷、激烈，诚信都不该被吞噬，所以我们可以用这句诗来纠正"一切向钱看"的错误思想。人格也不该消失，顺境也好，逆境也罢，人格的力量不是金钱、荣誉和地位所能代替的，由此我们可以论述"贫贱不能移，富贵不能淫，威武不能屈"的美德存在的根本。正义也不该消失，正义是最有效的制止邪恶蔓延的武器。在紧要的关头总会有人挺身而出的大量事实便是最好的论据。人与人之间的关心与爱不该消失，只有如此，社会才会和谐，才会拥有美丽；对生活的热爱，不应随着挫折与困难的出现而消逝。挑战生命的激情，不应该随着年纪的变化而消逝……

当我们写作文试图论述上述内容时，我们就可从诗句引入。如在《生命的激情》中我们可以这样开篇："时常听一些人说：'唉，我老了，不像年轻人那样有激情了。'难道对生活的激情真的会随着年龄的增长而消失？不对！激情是生命中的一种永恒的情感，它决不应该失去，正像一首诗中所写的'不该消失的就不该消失/应该永存的就应该永存/我相信只要有拳拳童心/就会挽住即将流逝的青春'，从这位诗人的话中，我们不仅看到了'激情'的存在，而且她还为我们指明了实现的方法，那就是'要有拳拳童心'……"

同时，该诗所体现的执着的探索精神和进取意识以及对世界的坚信，都是令人为之感动的，我们也可以引用它来强化作文的情感。

KEWAIYUWEN
YINGYONGXILIE

生存价值的思考

有的人活着，他已经死了

有的人活着，他已经死了；

有的人死了，他还活着。

臧克家《有的人》

　　为什么有的人活着却死了，有的人死了却还活着？活与死是相反意义的事实，怎么能同时存在于一个人身上？这一节诗实际上是臧克家在1949年为纪念鲁迅先生逝世13周年而作的《有的人》开头的一节。诗一开头便警句迭出，立刻给读者以心灵上的撞击。本来生死是自然生命生长不可超越的铁的规律，没有人可以逃过"铁门槛"，但作者却将生死化为一体，把它们提升到艺术层次，生死此处的意义已超越本来意义成为一种比喻，是对道德上的审美判断。所以，有的人虽死犹生，有的人生也已死，这里面包含着浓厚的情感因素，那些全心全意为人民奉献的人在人民心中永远是活的，而剥削人损害人民利益的社会蛀虫，他们的生也如同行尸走肉，毫无意义，所以等于死。

　　这种生死观在中国自古就有：司马迁说"人固有一死，或重于泰山，或轻于鸿毛"；孟子说"生，我所欲也；义，亦我所欲也。二者不可得兼，舍生而取义者也"；周恩来说"壮烈的死，苟且的生。贪生怕死，何如重死轻生"。

由此，我们可以将它引用在如下相关题目的作文中：对无私奉献，全心全意为人民服务的行为的颂扬；对自私，损害人民利益者的贬斥。

同时，其对比手法值得我们借鉴，作文中对比通常是必不可少的，通过对比更易突出所赞扬者的崇高与伟大，所抨击者的猥琐与卑贱。

我把生命献给了光明

在这曙色欲来的前夜，

我把生命献给了光明。

王亚平《灯塔守者》

这两句诗是《灯塔守者》的最后一节。诗人表面上是在指明了灯塔守者的工作实质，赞美灯塔守者的奉献精神：灯塔守者与黑夜为伴，孤独地守候着出海人，他给别人送去了光明，却把整夜的黑暗留给了自己。但在更深层的意义上，这两句诗又超越了灯塔守者的意义。我们可将它的意义扩展开来，寻找符合"把生命献给了光明"的更多的人：

他们是清洁工，在黎明努力地工作，把一个干净整洁的世界呈现给人们，他们就是以自己的行动迎接着光明，迎接着太阳；

他们是边防巡逻的哨兵，一丝不苟地执勤，守护着人民安宁的早晨；

他们还是工厂里的打更人，夜夜如此，守护着国家财产。

还不止这些，我们还可以再扩大视野：

他们是烈士，为了祖国的光明早日到来，前仆后继，不畏流血，不畏牺牲；

他们是勇士，为了时代的光明，勤于思考，勇于探索，成为改革的推动者；

还有更多的为追求光明，夜以继日工作在各条战线上的劳动者。

由此，我们不禁想起为了民族觉醒而高举投枪与匕首的鲁迅，想起为了兰考百姓幸福生活而风里来沙里去的焦裕禄，想起为了中国的奥运事业而奔波几十年的何振梁……

他们都是民族与时代的灯塔守者。在作文中，我们就可以最大限度地挖掘这首诗的意蕴来赞美他们。

此外，"在这曙色欲来的前夜，/我把生命献给了光明"两句诗中充满了自信与激情。我们可以把它作为一种慷慨激昂的誓言，引用在作文中以突出强烈的情感，烘托气氛。

不要以为海燕的子孙一定是海燕

......

不要以为海燕的子孙一定是海燕，

只有海燕的翎毛并不能驾驭大海。

刘征《海燕戒》

诗人在这首《海燕戒》中讲述了一只小海燕贪图安逸的生活，最后经不起风浪的考验被大海埋葬的故事，这两句是结尾。阐明作者的立场："海燕的子孙"不一定就是"海燕"，"驾驭大海"也不能靠"海燕的翎毛"。抨击了"龙生龙，凤生凤，老鼠生儿会打洞"的传统世俗观念，虽然针对一定时期的错误思想而发，却也具有跨越历史的价值。这两句诗富有哲理，且语言浅显，极易理解，引用到我们的文章中尤其是议论文中，鞭辟入里，透彻有力，现实意义较强。我们可以用它来批驳"虎父无犬子——有什么样的父母，就有什么样的儿女"这种错误观点，科学家的孩子未必就是科学家，农民的孩子未必还是农民，再进一步深挖：儿童的成长，更要注重后天的努力，要不断学习、完善、发展自我，只有聪明的头脑未必就能成才；同时，我们也可以用它来批驳社会上的不良风气，同学之间相互攀比父母的职业、地位，针对这样的材料，就可以采用这两句诗进行批驳。

这两句诗还可引用到以下主题的作文中：靠父辈名声、地位、荣誉生活的人不会有什么作为的，只有走出父母的港湾的庇护，才能寻求自我的独立。

当然，我们也可以将它转化为一个论点去论证，可以引用下面的论据，其中正面的有：美国白宫占地18英亩，内有132个房间，而里根的4个孩子并不感兴趣，不住在白宫，依靠自己奋斗，终于成才。反面的例子有：北宋名相寇准的子孙，不能独立，不过30年，家道衰落，就沦为了庶民。

时间片片碎裂
生命刻刻消褪

> 煤烟的雨
>
> 市声的雷
>
> 齿轮与齿轮的龃龉
>
> 机器与机器的倾轧
>
> 时间片片碎裂
>
> 生命刻刻消褪
>
> **蓉子《我们的城不再飞花》**

　　污染，在当今社会中已成了城市生活中不能省略的"风景"。置身于城市，被文明包围，透过文明却发现污染比文明更易于触摸。污染吞没了从前的三月飞花的真实与可爱。台湾女诗人蓉子的这首《我们的城不再飞花》正是反映这样的主题。

　　"煤烟的雨/市声的雷/齿轮与齿轮的龃龉/机器与机器的倾轧"，整齐排列的诗句所显示的这一系列城市污染的表象也整齐排列在城市中，让人触目惊心。其结果是"时间片片碎裂/生命刻刻消褪"这一句可谓是震人心弦，给读者的心灵以重击，这是诗人敏锐洞察力所发掘出来的深层意蕴。在城市污染的不断膨胀过程中，我们的生命就是如此被腐蚀、一点点消褪，也许历史会有一个时刻，生命消褪至最后一刻。

诗人给我们真实地展现了现代文明所带来的负面效应，不容置疑。我们在"污染"主题的作文中就可以引用，可以这样写：当你漫步于高楼大厦间，当你尽情享受着都市的霓虹夜景时，当你流连于城市日新月异的变化时，也许你还不曾注意到在这个充满时代活力的都市的背后，耸立着的是另一种触目惊心的场面："煤烟的雨/市声的雷/齿轮与齿轮的龃龉/机器与机器的倾轧"，这是蓉子的诗，也正是现代城市文明所包含的另一方面。我们不得不严肃面对这事实……

由此，我们可阐发对于现代文明的"双刃剑"性质的深刻思考，也可以仅就污染一方面来论述。

它们用金黄的微笑
来回报石头的冷遇

……

它们用金黄的微笑

来回报石头的冷遇

它们相信

最后，石头也会发芽

……

顾城《小花的信念》

顾城是中国现代朦胧诗派代表人物之一，他的诗体现了朦胧诗的艺术特征。当年，因其晦涩朦胧的特点被群起而攻之的诗句，对于今天来说，读起来反而异常亲切，如那首"黑夜给了我黑色的眼睛/我却用它寻找光明"便是如此，人们从中读出了更多的是人生的哲理与隽永的意味。事实上，朦胧诗的解读并不难。如顾城的这一首《小花的信念》：

> 在山石组成的路上
>
> 浮起一片小花
>
> 它们用金黄的微笑
>
> 来回报石头的冷遇
>
> 它们相信
>
> 最后，石头也会发芽
>
> 也会粗糙地微笑
>
> 在阳光和树影间
>
> 露出善良的牙齿。

诗中，小花怀着坚定的信念，对世界报以它们美丽的微笑，即便石头给予它们的是冷遇，小花也是向它露出"金黄的微笑"。因为小花们相信，善良会换来善良。这种情感的抒发源于朦胧诗产生的特定的历史年代，诗人更注重个人化抒情，表现的是个性自由精神和区别于以往的崭新的理想主义情怀。在今天看来，一切都变得那么熟悉，变得无可厚非。再次阅读这首小诗，清新的诗句仍旧让人赞叹不已。

"金黄的微笑"与"石头的冷遇"一柔一刚，一个温暖一个冰冷，两相对比，反差极大。"回报"一词显得极为传神，它描绘出了生长在石头上面的小花对石头的无限感激之情。我们也会为小花的坚定信念所感动，所折服。这也是用真诚期待真诚的过程；是无怨无悔的奉献精神在小花身上的体现，当面对被误解、被冷落的时候，小花的微笑不就是最易懂的启示吗？

无法拒绝的真诚会让每一个人感动，切入"真诚"的题目中，小花的微笑会比任何一次苦口婆心的规劝和铿锵有力的论证都具有鼓动性，都具有说服力。具体我们可归纳出由小花所引发的如下的主题：

这是一种以微笑面对人生乐观态度，因而在《如何面对人生的挫折》的作文中就可引用；这是一种豁达与宽容，因而在《高远的人生境界》主题中可引用；这是一种真诚对真诚的期待，因而在关于《社会需要真诚》的作文中也可引用。

只要有一线希望

羁泊中

只要有一线希望

就是一个方向

……

向明《春灯》

小诗以"春灯"为描写对象，实际上是以"春灯"作喻，揭示漂泊者的内心情怀与感受。人只会因为两件事漂泊，一是为了实现理想，所以去远方；另一种是为了寻找理想，才去漂泊。不管哪一种，都在品味羁泊之苦，因而"希望"成了他们的航标。全诗如下：

> 羁泊中
> 只要有一线希望
> 就是一个方向
> 只要有一点点光
> 就可把顽长的夜
> 度过
> 一宿无话
> 晨

诗人说"只要有一线希望/就是一个方向"，"只要有一点点光/就可把顽长的夜/度过"，迎来新的早晨，这是诗人对漂泊者生活的描写，也是一种生活经验的总结与提炼，还是对人生这个特殊境遇的慨叹，这三者正是我们在写作中切入该诗句的角度。

我们可以在回忆性散文中作为抒情性文字引用，主人公可能是一个暮年的老人叙述他一生漂泊经历与感受，话语里面充满着无限的沧桑与辛酸，这是我们从表层意义出发所展示出来的主题；如果我们向纵深方向思考，从"只要有一丝希望/就是一个方向"切入，我们会发现里面又流露出一种乐观、豁达、百折不挠的奋进精神，哪怕是一线希望，也决不轻言放弃，从这个角度来看倒显示出"咬定青山不放松"的精神来。"只要有一点点光/就可把顾长的夜/度过/一宿无话/晨"，不需要烛火通明，只需要一点点的光，就可以用它去迎来一个充满清新气息的早晨。从中，我们看到的是斗志，是自信，是向上的精神。以此，我们可以切入更多主题作文中，并且是作为积极向上的材料被引用。我们还可以把它们扩大到整个生活的范围内，从"羁泊"的狭小圈子中超脱出来，把人生看成是一种漂泊，那么这种精神在学习、工作、生活的各个方面都可作为一种推动力促使我们不断前进。这样拓展开来，就显示出这句诗的广泛的借鉴意义，并且在作文中还可以将所有的成功者的事迹看作是这句诗的例证。

播种者的喜悦

什么是播种者的喜悦呢？

倚锄望——

到处有青青之痕了！

冰心《春水·九十四》

冰心的诗歌代表作是 1923 年出版的诗集《繁星》和《春水》，其中的许多小诗纤丽精致，耐人寻味，上文所引的就是《春水》中的一段。

诗人开头提出一个问题："什么是播种者的喜悦呢?"接着自己回答了这个问题:"倚锄望——/到处有青青之痕了!"也就是说,当面对自己辛勤劳动所换来的成果时,对于播种者来说那是最欢喜的事情了。

这是个非常简单的道理:即播种期待收获,期待享受收获的乐趣。用美妙的言语将平常的道理诗化以此将生活提升至艺术的层次。赋予了新鲜的美感,并将它传达给读者。

诗的内容并不新颖,但因其诗化的言语增添了一种境界美,所以成为美的诗句。

在作文中,诗句的意境可扩大:对于农民,我们可借用诗句最表层的意义,即播种之后,等待着小苗的发芽,小苗的发芽是对农民劳动的最大回报,因为农民在小苗的身上看到了自我价值的实现。对于老师,我们就可挖掘诗句的比喻义,即执教的喜悦在于看到学生勤奋学习,学有所成;对于父母,则是子女的健康苗壮成长……按照这种逻辑,我们可在许多主题的作文中引用这首小诗,对于引用方式而言,可以作为引子,引出你要写的主体,如下面的一段:

> "什么是播种者的喜悦呢?"冰心的回答是"倚锄望——/到处都有青青之痕了!"对于其中的含义,恐怕再没有人能比在荒沙中躬耕了二十多年的×××理解得更深,更透彻了。面对着百亩荒沙上长出的油油绿意,面对着多年的汗水换来的这一片生机,他觉得一生最大的喜悦全在这一刻了……

也可以是在叙述事实之后以此来赞美：

> ……望着他满脸的喜悦与兴奋之情，这一刻，我终于明白冰心在诗中写的播种者的希望是"倚锄望——/到处有青青之痕了！"的深刻含义了。

生命的河

> 生命的河
> 是深蓝色的夜流
> 映带着几点金色的星光
>
> **宗白华《生命的河》**

宗白华先生是我国著名的美学家，他一生致力于"美"的思考与研究，不仅在理论上做出了巨大贡献，还创作出许多具有优美意境的小诗。这一首《生命的河》就是其较有代表性的作品。

"生命的河/是深蓝色的夜流"，其中，"深蓝色"代表着深邃、凝重，以它来作为"生命"的颜色，显示出生命的厚重感；而"生命的河"则着力突出生命具有的流动不息的动感特征。如果诗人把"生命的河"单纯比做"深蓝色的夜流"的话，就显得生命力过于沉寂而生气不足，给人美感的同时也流露出无法排遣的压抑感。宗白华先生的高明之处就在于他不仅体悟到了生命充满着深邃与凝重，也发现了在生命中会有不断闪动的亮光，因而他最后落笔于"映带着几点金色的星光"。这样在深蓝色背景上，"金色"的色彩就显得极为突出。同时，"夜流"又与"星光"相互映衬，于是在人们面前就展现出一幅具有优美、和谐、宁静却又蕴含着生机的清晰画面，在如此富有美感的意境中，读者能够尽情地去体味与思考生命的本质与内涵。

可以说，小诗的意境优美却也极为含蓄，诗人并没有指出生命中什么是"金色的星光"。这就有待于读者自己去感悟与把握。在诗人拓展得极为广阔的空间里，我们可以按照自己的方式去理解、去思考、去赋予它具体的内涵。"几点金色的星光"，我们可以认定是人一生中较为辉煌的时刻，可能是事业上的成功，如：对于一个运动员来说，得到金牌便是他生命中的"金色的星光"；也可以认定是具有深刻意义的瞬间，如改变命运的转折点：升学、离乡、就业等等；还可能是与极为难忘的人的相识；或者是与自己最好的朋友，最尊敬的老师交往中的点点滴滴……我们还可以换个角度，对于一个时代，一个民族来说，在其自身的发展过程中，都会涌现出一些具有重大意义的思想、人物和运动。我们也可以把他们称为这个时代，这个民族的"金色的星光"。从以上的分析来看，本诗虽小，内涵却很丰富。从不同的角度都可阐发出对生命的领悟。因而在作文中引用它，不仅给人美感，还具有深邃的哲理性，诱人深思。

将生命的茫茫
脱卸与茫茫的烟水

……

一个永恒

而无涯涘的圆圈

将生命的茫茫

脱卸与茫茫的烟水

……

辛笛《航》

这是诗人在海上航行，面对大海产生的联想。

从日到夜

从夜到日

我们航不出这圆圈

后一个圆

前一个圆

一个永恒

而无涯涘的圆圈

将生命的茫茫

脱卸与茫茫的烟水

大海周而复始的运动，人在海上日复一日的生活，恰似一个永恒的无休止的圆圈，象征着人的生命也就在跟踪的圆圈中耗尽，"将生命的茫茫/脱卸与茫茫的烟水"，咏叹不尽的惆怅之感充溢于这寥廓的海天之间。"生命的茫茫"与"茫茫的烟水"正好形成遥相呼应的情境。

这是诗人对生命的感叹。其中流露出对人生未来的境遇的未知性的茫然与怅惘之情，对人生中不得不面对的艰难抉择的困惑。

诸上的茫然与困惑，具有很大的普遍性。

当我们满腹忧愁，面对大海时，那海天一片的苍茫景色映入眼帘，更多的时候并非是豁然开朗，而是更加确定和印证这种茫然不知为何的情绪。同时，这种感叹有时并非是内心当下的想法，而是由观海引发的。所以我们也可以将它作为观海或航海的一种特别感受。如我们可以按照这个思路写下去：

"船航行在大海里，站在甲板上，迎面的海风吹动我的思绪，放眼望去，尽是茫茫的海水。此时，顿感生命的渺小，正如辛笛的那句'将生命的茫茫/脱卸与茫茫的烟水'。此刻，萦绕在我心间的正是这种感受……"又如："第一次见到大海，所有的渴望与期待竟于一刹那间消融在茫茫的海天间了，无影无踪，只见广阔无垠的大海向我展示着宽博的胸怀，所有关于前途的迷茫、人生的迷茫都浸在海水中了，正如辛笛那句'将生命的茫茫/脱卸与茫茫的烟水'。我猜想，这大概是人们向往海的一个原因吧。"

在表现人物心情迷茫的作文中，我们可以描述人物面对大海时的心理活动。用大海的迷茫突出他此时的心情。

它死在太阳的前面

它知道要落了，

然而，它最快乐，

因为它死在太阳的前面。

王亚平《晨星》

《晨星》一诗描写了早晨天边的一颗灰白的小星星，在经过了漫漫长夜的历程之后，即将要消逝的情景。王亚平的诗常常是表现执着的斗争精神和旺盛、乐观的生命力。这首诗同样表现了这种主题。

诗中写道，这颗小星星"像病危的老人/咽着最后的喘息"，形象地刻画出星星的困倦和疲惫，也暗示出星星即将面临消逝的境遇。而星星清楚地知道自己"要落了"，但是，它却丝毫不伤感，反而感觉到自己是"最快乐"的，"因为它死在太阳的前面"。最后一句是揭示"快乐"的原因，也是阐明星星的生命价值。诗人以"晨星"为题，实际上是表现晨星一样的人的精神。"死在太阳的前面"证明了光明即将来临，自己一生的奋斗有了最后的结果，纵然死去，也是死而无憾。这种人生价值在诗人眼中是具体体现在中国20世纪40年代那些为了民族的解放事业而奋斗不止的战士身上，他们一生都在为祖国的解放而贡献着自己，直到生命的最后一刻。但是他们面对着即将来到的光明感到由衷地欣慰。诗人把他们比做了"晨星"来歌颂和赞美。

特定的历史阶段所产生的精神品质往往不会随着时代的改变而消逝，即便是在今天，这种人生价值仍是熠熠闪亮。在我们的作文中，可以由此联想到那些为追求胜利、进步和光明而献身却无怨无悔的人；那些并不把生存当作人生第 目的的勇士；那些即使面对肢体的残疾也会热爱生活，满怀激情，呐喊不止的强者。"晨星"是乐观精神的写照；是奉献人生的呈现；是无悔奋斗的足迹。其中的执着乐观我们无论做什么都是应该具有的。所以我们可以用这两句诗来揭示作文中所写人物的崇高的人生境界。

你是土壤

> 附着在大地上，
> 你是土壤，
> 沉浮在空间里，
> 你是尘埃。
>
> 林希《土》

这首诗短小精练，寥寥20个字，便刻画出"土"的两种状态：一个是"附着"在大地上成为"土壤"；一个是在"空间里",变成尘埃,呈现"沉浮"的状态。两个句子虽然短,却形成了三处对比:存在环境、存在形式、存在状态。可以说,意蕴极为丰富。土因为生活环境的不同而呈现不同的状态。苏轼在《题西林壁》一诗中写道:"横看成岭侧成峰,远近高低各不同",早就给我们揭示了一个生活中的哲理:同一个事物会因观察角度的不同产生不同的效果和结论。而林希的《土》同样可以挖掘出相似的生活哲理:不同的生存环境会呈现出不同的价值,在大地上它是土壤,万物生长离不开土壤,它给万物提供了生长的可能,但又必须是"附着"在土地上,土因此可能会失去个人的自由。当土在空间上摆脱了大地,实现了自己存在的"自由"时,它却变为尘埃,污染环境,成为人类之害,过着没有着落的沉浮生活。

由此,我们挖掘出以下相应的主题:

不同的成长环境,会有不同的甚至相反的价值取向。

不同的成长环境,会形成不同的行为标准。"土壤"代表自律意识,尘埃代表的是放荡意识。

对自由的内涵的探讨,"沉浮"与"附着"对土的价值而言,谁是自由的代表?

我们也可以由此思考"自由"与"纪律"的相互制约、相互作用,探讨它们之间密不可分的关系。

这些形成了我们引用该诗的方向。

你看我怎样把清贫的
日子过到底

你看我怎样把清贫的日子过到底

并能从中体会到快乐

韩东《温柔的部分》

诗人在这首诗中着力抒写那已经成为往事的寂寞的乡村生活，形成了他性格中温柔的部分。这种温柔的内涵是通达、朴实、坚韧、快乐，与自然相容，与生命相顺应的情怀与感受。其中"你看我是怎样把清贫的日子过到底/并能从中体会到快乐"，表现了一种与现代物欲享乐观全然不同的幸福观，展示了诗人对朴素生活的一种回归与向往，对远古朴素宁静生活方式的一种认同。这是对乡村生活的认同，也是对自我精神、灵魂的发掘与满足。

这句诗我们将它从特定的语境中提出，单独作为一个整体去欣赏，还会发现其意蕴更耐人品味，笔者试图抛砖引玉，拓宽出更大的想象空间，以供大家做更深刻的探求与发掘：

一种乐观的人生态度，即使贫穷，也拥有一份自在的快乐；

一种豁达的金钱观。充实生命的不是金钱和物质，而是一份精神上的充实，快乐和清贫并不冲突；

一种踏实、执着的追求，"贫贱不能移，富贵不能淫"的自信与坚贞；

一种理想实现过程中可能面临的境遇与应该坚守的态度；

一种伟大人格的流露；

一种田园生活的回归……

于是我们可以在写一名献身于山村教育的大学生时，引用这首诗来赞美他不追求物质上的享乐，甘愿虔诚地守护自己的精神财富的朴素的心态；可以在写一位在追求知识追求人生价值实现过程中的有志青年，刻苦钻研，废寝忘食时所表现出的苦中有乐的思想情操……

你露出安详的微笑

本是大地的儿子，

如今又回归大地

你露出安详的微笑

看新绿已萌生枝头

浪波《秋叶》

一提到"秋叶"，人们就会想到随风飘零、残破凋谢的景象，但这首《秋叶》诗的作者却展示出秋叶的另一面。诗人以旷达而乐观的心态，描写了秋叶的安详。从中挖掘出一股生命的活力。该诗的最后一行写秋叶的落下，是"回归大地"，暗示着从大地中来，又回到大地中去的生命历程。

"安详的微笑"说明秋叶并不介意它的落地的结局。因为"它已经看到新绿已萌生枝头"，这代表了一种后来者的希望，秋叶有一种平和的心态，它把自己看作是"大地的儿子"，所以它觉得飘落是"又回归大地"，反而拥有了一种幸福的内涵。

"秋叶"实际上是比喻在人生路上已取得了累累硕果的人生的暮年时期。人到晚年，犹如自然到了秋天，他有过生命的春天，像树叶一样曾在枝头上高高地站立，而今到了陨落的年龄，就不得不离开原来的地位。不过，老人对自己地位的骤然下落、境遇的改变丝毫不介意，反而能够微笑着面对"萌生枝头"的"新绿"。

我们从"秋叶"的身上可挖掘出一种平和的心态，不以物喜不以己悲，能够以平静的心态去面对生活中的大起大落；同时"秋叶"的身上也流露出一种乐观的人生态度；另外，我们还可以用它来比喻那些呵护青年、关心下一代，能够放手让年轻人去展示自我才能的宽容与大度。

我乃知足于常绿

只是一小撮泥土
生命便有了延续
虽然是平凡，虽然是渺小
我乃知足于常绿

涂静怡《草的语言》

诗人以小草的口吻，叙述自己的生存理想。"只是一小撮泥土/生命便有了延续"，没有更高的要求，只求一小撮泥土，就可以将生命延长。显示出小草的平凡、渺小，但是它并不觉得这是卑微，这是痛苦的，反而知足于常绿，流露出一种满足感，快乐感。"常绿"有两个含义：一是生命的颜色，生命之树常绿，有着旺盛的生命力，蓬勃的斗志，健康向上；二是绿色能给人们带来希望，带来活力，是装点这世界不可缺少的一部分。小草的生命意义就在于此，实现了这两点，它就心满意足了。

"我乃知足于常绿"是小草的言语，它体现了小草生命的追求，也体现了安于平淡，不去追逐功名利禄的伟大人格。我们可以在写关于"平凡的人生"主题的作文中引用这句充满哲理意味的诗句。这句诗具有相当的概括力，我们可以用它作为作文的题目。

对于整首诗，我们也可以将它扩展到人生层面的意义上来，小诗是对平凡而且有一身傲骨、胸怀宽广、视名利如敝屣的小人物的歌颂，把他们简单却又崇高的生命形态描写得清新动人。

当我们反复咀嚼回味这节诗时，总觉得还有什么美好的东西在字里行间涌动。是一份生命对土地的依恋，是无数漂泊在外的游子对故乡的泥土的怀念之情；是一份知足常乐的达观，是以最小的索取捧出最大的贡献的无私精神。笔者引发出的这些内涵听起来似乎有断章取义之嫌，但诗是具有极大弹性的文体，流露出的蛛丝马迹同样可以成为一处处闪光点，照亮我们写作的道路。

正视就是拯救

我们已经没有退路

正视就是拯救

心灵的余烬将重新煽点明日的朝霞

夏雨清《无题》

在源远流长的文学发展过程中，"死亡"是一个人们永远躲避又必须永远正视的主题。面对死亡，不同的人有不同的对待态度，体现了不同的人生观。诗人夏雨清在《无题》中阐明了他的个性化的态度：人类在死神面前，在暗夜的包围面前没有退路，唯有正视它才能够战胜它，才能得以拯救。如此，"心灵的余烬将重新煽点明日的朝霞"，才可能迎来一轮崭新的红日，才可能迎来一个辉煌的新生。诗人抒写了他对于黑暗、死亡的真实感受和深沉思考，阐述了对"死亡"这个命题的独特见解，从而指明了人类精神上的出路。

该诗虽主要是写"死亡"，但我们从引文一节出发可扩大主题范围。"我们已经没有退路"，可理解为困境、人在奋斗过程中遇到的一切艰难的境地。"正视就是拯救"则表现了对付困难的最可行的方式便是"正视"，不回避，不逃离，勇敢地面对。"重新煽点明日的朝霞"则可理解成由于"正视"而带来了新的希望与生机。所以，从广义而言，该节诗阐述了人面对困难，如何把握自我，争取希望的主题。

写类似"如何面对困难""我与困难不期而遇"的主题的作文时，引用该诗或移入该诗的意蕴都可达到理想的说理、抒情的目的，同时，该诗也可作为劝诫来引用。如在《我与困难不期而遇》的议论文中，我们就可以这样写：

> 谁都希望在学习和生活中一帆风顺，没有一点坎坷，但事实却恰恰相反，我们会经常遇到很多意想不到的困难，有的人见困难，转身就走，有的人看见困难，马上四处求助，而有的人遇到困难，愁眉苦脸，唉声叹气，甚至怨天尤人。他们事实上都没能采取正确的态度。我特别推崇的态度是'正视就是拯救'，即便那困难是死亡，也不要躲闪，因为只有正视，才可能找到办法……

生命的价值是爱的深与浅

> 生命的价值是爱的深与浅，
> 绝不是时间的短和长。
>
> 白桦《情思》

《情思》一诗是诗人对灾难性历史的独特反思。诗人以屈原、李白、杜甫、辛弃疾、岳武穆、文天祥、方志敏等一系列

195

历史人物整齐而连贯地表现着"爱"的美好的意念，这种"爱"是博大的，是对于苦难中民族和祖国的爱。由此诗人阐明了人生的意义。"生命的价值是爱的深与浅/绝不是时间的短与长"。这两句诗是诗人从"自我"中升华出的警句，或者说是"自我"的哲理化提升。在诗中揭示了主题。当我们要写历史上的这些爱国志士的时候，我们就可以从这句诗出发。

单就这两句诗而言，也具有极其深刻的哲理性。它讨论了"生命的价值"问题，不同的人对此有不同的理解与感受，诗中的见解是其中的一种，也是崇高的一种，它把生命的价值归于爱，因而"爱的深浅程度"成为衡量生命价值的标准。"爱"，具有极为广阔的含义。它代表了对祖国的爱，对人民的爱，对民族的爱。这是一种深沉的情感。我们可以在写"奉献精神""爱国主义"时引用它。由这两句诗，我们会马上想到雷锋的"将有限的生命投入到无限的为人民服务中去"的崇高理想。会想到历史上无数为祖国，为民族的利益献出青春和生命的奋斗者。这些都是支持这个论点的论据。

这两句诗还可以在关于"生命的价值"的议论文中作为支持论点的论据，以此展开，寻找事例，增强文章的说服力。如可先比较"生命的长短"与"爱的深浅"两者的意义。

"和石桥比起来，虹真是太短暂了，正如昙花与'野火烧不尽，春风吹又生'的野草相比，自然甘拜下风。然而，生活的全部价值是以生命的长短来衡量的吗？山岳存在永恒，它跨越时空，绵今亘古。然而，它不过是默默无闻地打发岁月，这样的生活千年万年与一年、两年又有什么区别呢？它又有什么意义呢？"从而阐发自我的论点"生命的价值是爱的深与浅，不是时间的短和长"。

音乐失去真诚还剩下什么

我很难想象

音乐失去真诚还剩下什么

失去真诚的音乐

只能是一堆噪音、废铁和石头

柳沄《寻找歌手》

这四句诗的行文就如散文一样流畅，思维的跳跃速度不大，和一般的文章思路基本相同，这就消除了诗与其他表现样式的一个重大区别。因而，就行文而言，是适合转借到我们作文中的。

在内容上，它探讨了"真诚"对于"音乐"的意义。一句"音乐失去真诚还剩下什么"揭示了音乐的本质就是真诚，音乐依靠真诚来支撑的道理。继而，诗人进一步阐发自己的观点，以想象展开："失去真诚的音乐"的结果是怎么样的呢？那"只能是一堆噪音、废铁和石头"。音乐失去了真诚，瞬间变成了垃圾，原来的一切美感荡然无存。

诚然，诗人对"真诚"与"音乐"关系的论述是透彻而有力度的，也是相当到位的。但对于我们作文的引用而言，讨论"真诚对于音乐的意义"这样的主题是很少见的。因此，我们有必要把它进行范围上的扩展。由真诚对音乐的含义，我们向上提升到"真诚的价值与意义"，这样我们就可以在与"真诚"有关的题目下，引用这首诗。其思路可理顺为：引用诗句说明"真诚"对于"音乐"的重大意义后，进一步说明，真诚不仅对音乐如此，在其他方面同样具有价值，从而可以总结出真诚在整个社会中的重大意义。还有一种：作文的题目是讲真诚对于某一方面的价值，如："市场经济中的真诚"的题目，我们就可以由该诗导入，真诚决定了音乐的命运，引出"真诚"也在一定程度上决定了一个企业，一种产品的命运，然后再进行具体的论证。

铜像将会感到更寂寞

铜像将会感到更寂寞，忧愁，
当午夜来临，在广场人散后。

舒巷城《铜像》

《铜像》全诗一共只有两句，却从一个全新的角度发掘铜像崭新的内涵，其中蕴含着深刻的人生哲理，耐人寻味。

我们建筑铜像的意义是用来纪念伟人、英雄和那些曾经为社会做出巨大贡献的人物，让更多的人知道他们，记住他们。铜像，因此常让我们肃然起敬，以崇拜、敬佩的目光去瞻仰他。所以我们常常把铜像高高地立于一个城市的中心或者一个广场的中心。诗人舒巷城却从另一个角度思考了铜像的境遇。他发现了铜像的另一种存在的含义。"铜像将会感到更寂寞，忧愁"，第一句便给人以崭新的思考角度，展示了铜像的寂寞和忧愁。一个"更"字暗示了铜像以前一直是寂寞的。"当午夜来临，在广场人散后"该句补充交代了具体的环境，包括"午夜"的时间，"广场"的地点，"人散后"的情境。为什么会出现铜像的寂寞呢？诗人并未阐明"寂寞"的原因。但是我们却可以展开想象，铜像每天站立在广场中央，俯视来来往往的人，就像一位高高在上的官员，把自己与老百姓严格地区分开来。那么他的结果是难以得到群众的拥护，群众会将他抛在一边，而他寸步难行。诗人正是借铜像诠释这种现实意义。

我们也可以将铜像看作是一个特写的镜头：英雄沉浸在过去丰功伟绩的回忆中，沉浸在对往昔荣誉的陶醉中。铜像是他自己在心中高高树立的，也是他不思进取、毫无前进意识的展示。诗人抓住了这一镜头，展示着那些躺在过去的成绩上睡大觉的不思进取者的形象，诗中也是对他们的暗示、警戒、提醒与鞭策。

由此我们可以对这种"铜像"意识进行现实的联想，来论述这种思想的危害与后果，并与现实中的实际例子联系起来，从而阐明人生应有的态度：进取意识；扎根于群众；戒骄戒躁；不脱离生活。

把无边的大野染成绿色

> 把无边的大野染成绿色的
>
> 是小草，不是名花。

刘征《海涛篇》

这首诗赞美了不为人们重视的小草。因为"把无边的大野染成绿色的"正是小草。小草无私地奉献着自己的绿色，它们的理想和名花不一样。它们不是想极力地展示自己，而是能够和同伴并肩站在一起，共同点缀着这个世界。

从小草的精神我们可以引出如下主题，以供我们在作文中应用：

平凡者的形象系列。诗中的小草是极其平凡的，它象征着我们生活中的一些人，他们不是科学家，不是工程师，也不是指挥千军万马的元帅，他们就是天天奔波在建筑工地上的普通工人，他们就是每天按时换岗的边防战士，他们就是日出而耕日落而息的农民。然而，也正是这些普通的工人建筑着一座又一座高楼大厦；正是这些战士当洪峰来临的时刻挺身而出站在洪水中立成一道人墙；正是这些朴实的农民，他们播种、收获，为整个社会提供着充足的粮食。他们是平凡者，却默默地为这个世界贡献着自己。当我们在作文中要赞美他们的时候，就可以用小草作喻来描写他们的平凡。我们借小草来歌颂他们。我们也可以通过描写他们各自身后大片的高楼、安宁的社区、静寂的田野来衬托他们崇高的品格和巨大的贡献。

团结的力量。一棵小草无法超越名花的魅力，但一大片绿地却可以引起人们的青睐。满眼绿色的无边原野正是小草团结的杰作。所以我们也可以用这两句诗来论述团结使弱小者变得强大，变得令人瞩目，实现可与花相媲美的人生价值。

燃烧是一种幸福

燃烧是一种幸福

山在树中燃烧为绿

海在水中燃烧为蓝

大理石在太阳光中燃烧为光

海风在胸廓中燃烧为伟岸之气

我亦燃烧着

一个海岛人血肉之躯

云逢鹤《燃烧是一种幸福》

不同的人对幸福有着不同的解释，有的人认为幸福是最大限度地占有和索取；也有的人认为幸福是在帮助他人的过程中所享受的快乐；还有人认为幸福只是一种自我的感觉。诗人云逢鹤同样在思考幸福，并得出了属于自己的结论——燃烧是一种幸福。

> 燃烧是一种幸福
>
> 山在树中燃烧为绿
>
> 海在水中燃烧为蓝
>
> 大理石在太阳光中燃烧为光
>
> 海风在胸廓中燃烧为伟岸之气
>
> 我亦燃烧着
>
> 一个海岛人血肉之躯

　　语出惊人。他把"燃烧"归纳到"幸福"中，无疑意味着"燃烧"承载了幸福的内涵。由此看出，诗人的思考角度是很独特、新奇的。然后，他抓住四个意象进行具体的说明：山燃烧为绿，海燃烧为蓝，大理石燃烧为光，海风燃烧为伟岸之气。这四者都是在"燃烧"中实现了各自的生命的价值，从而显露出生命中最为耀眼、辉煌的一面。在诗的整体结构上，四者也构成了下文的铺垫，诗人从四个意象联想到了自己。"我亦燃烧着/一个海岛人血肉之躯"，这句诗充满着诗人真诚炽热的情感。只要我们稍作思考便会明白，燃烧所包含的真实本质即是奉献、全心全意投入的精神本质。诗人就是通过"燃烧是一种幸福"来表明自己愿意为国、为海岛忘我工作、无私奉献的情感和义无反顾的决心。这种情感真挚而热烈，像山一样崇高，像海一样深沉。又与前面的"山""海""大理石""海风"四种景物遥相呼应。

　　"燃烧是一种幸福"是奉献者真情的表白，他们把奉献看作是人生至高的幸福。因而，这句话不再是诗人云逢鹤个人心声的吐露，而是所有具有燃烧的热情、贡献意识的人的共同心声，也是他们崇高人生观的诗意表述。当我们歌颂这些人的时候，正好可以引用这句"燃烧是一种幸福"。

一棵小草上的一滴露珠

我爱

那活波的溪流

……

而我也爱

一棵小草上的一滴露珠

……

曾卓《位置》

曾卓的这首《位置》诗句清新，朗朗上口，诗意自然而富有韵味。全诗如下：

我爱

那活波的溪流

那清澄的湖泊

奔腾的大江

那浩淼的海洋

它们有各自的风格

　　各自的姿态

　　而我也爱
　　一棵小草上的一滴露珠
　　它用自己整个的生命
　　滋润了那小草
　　它用自己微小的心
　　摄取了阳光的全部色彩

　　第一节，诗人说爱溪流、爱湖泊、爱大江、爱海洋，因为"它们有各自的风格/各自的姿态"，这些景物都是具有动感的气势，流动的美，给人以无限生机与活力。第二节，诗意发生变化，一个"而"领起了转折的意义，"而我也爱/一棵小草上的一滴露珠"，与第一节的事物相比，"露珠"渺小而缺乏活力，而诗人阐述了其特有的意义："它用自己整个的生命/滋润了那小草/它用自己微小的心/摄取了阳光的全部色彩"，这是原因，也是露珠的动人之处。与第一节中的动态美形成鲜明的对比。两相对比中，我们可以读出诗人对"小草上的一滴露珠"的青睐之情。

　　无论是溪流、湖泊、大江、海洋还是那一滴小草上的渺小的露珠，都在表现自己的个性的生命本质，正是这种不同于他者的独特之处吸引着诗人。因而在诗人看来，外在的高大与渺小，动态与静态的各种形式都显得不重要了。诗人正是通过这不同的两种美来赞扬个性的魅力。由此看来，诗人看似相反的喜爱事实上并不矛盾，完全符合他的审美逻辑。

我们再把目光聚焦于露珠的描述上，"用自己整个的生命/滋润了那小草"，露珠的个性魅力不正是积极奉献、勇于牺牲吗？"它用自己微小的心/摄取了阳光的全部色彩"不正是它张扬生命、热爱生活的最好说明吗？露珠在奉献与张扬中实现了生命的价值，大江、海洋也用它们广博与浩瀚的个性方式实现着生命的价值。两者从生命价值的意义而言是相同的，生命价值的实现才是各自人生最为重要的。

以上我们分析的主题与思想正是我们作文引用该诗的不同切入点。

永恒的倔强

你看，新生的叶片总是嫩黄色的，

那黄叶正是黄叶的余光，

从这里，我又明白了一个道理，

就是一片落叶，它也有着永恒的倔强。

罗继长《黄叶》

《黄叶》一诗虽写落叶，却无悲秋之情。诗人反而无限欣喜地发现了落叶蕴含着的生命的活力。"黄色"是叶落时的颜色，但同时也是"新生的叶片"的颜色。这样诗人就把落叶与新生的嫩叶联系在一起了，并且认为"嫩黄色"是"黄叶的余光"。于是，诗人猛然悟出了一个道理："就是一片落叶，它也有着永恒的倔强。"'"永恒的倔强"的表述将"落叶"人格化。"它们在创造春天后掉下来了，/然后把自己化成泥土，变成新的力量。"一方面，诗人赞美了落叶的人格魅力，其"倔强"是"永恒的"，另一方面，诗人又从落叶与新生叶之间的关系入手，挖掘出了"落红不是无情物，化作春泥更护花"的奉献精神。

诗人的构思为我们拓展了想象的空间，我们写作文的时候，就可以选取这样的角度去描写"秋天的落叶"，表现落叶永恒的生命力。我们也可以运用比喻来表现某个人物的精神品质。如已退休多年的一位老校长，他心系校园建设，心系教育事业，经常会到校园里走一走，看一看，对学校的发展提出富有建设性的意见。表现这样的人物形象时，我们就可以设置一个秋天的场景，老校长漫步在校园中的画面，用落叶的倔强的生命去烘托这位老校长的"烈士暮年，壮心不已"的奉献精神与奋发精神，两相对照，相映成趣——

老校长走在校园里，他当年带领全校师生栽的梧桐树已经有碗口粗了，他抚摸着那青亮的树皮，目光中充满着慈祥，一片树叶在秋风中悠然地飘落，老校长捡起这片树叶，细细地看着，面对此情此景，我在想，老校长他一定不会感叹树叶生命的消失，在他看来，就是这一片落叶，反而也有着生命的倔强。这位老校长不正像这片落叶吗？用自己的全部身心迎接着新的春天。

KEWAIYUWEN
YINGYONGXILIE

结构的艺术

凉风从枯树上飞过

在这可怕的黄昏里
沉痼着多少愁苦,
凉风从枯树上飞过
呜呜地为谁诉语?

石民《黄昏》

　　《黄昏》一诗描写冬日黄昏的景象，表现当时诗人的悒郁的
心情。全诗即景抒情，情景交融。诗文如下：

正是紧敛的严冬
窒塞了万籁的声息，
黄昏挟阴霾以惧来
迷糊着茫茫的大地

在这可怕的黄昏里
沉痼着多少愁苦，
凉风从枯树上飞过
呜呜地为谁诉语？

嘶嘎的几声悲啼

是漂泊无归的寒鸦

惊起了蛰伏的灵魂

凄凄的无言……泪下！

　　诗中先写严冬"紧敛"，叫人透不过气的寒冷，又写一个充满阴霾的黄昏。就是这样一个冬日的黄昏，把整个大地迷糊成茫茫的一片。"紧敛的严冬""窒塞""黄昏挟阴霾""茫茫"等词使第一节中的景色充满了寂寥阴暗的色调，这也为下文的抒情制造了相应的氛围。正是在这种阴暗的景色中，诗人的愁苦郁闷之情才可能在下一节中得到淋漓尽致的宣泄。感情抒发得顺畅自然，合情合理，丝毫不突兀。同时又显示出更强烈的冲击力和震撼力。在全诗的最后一节，写景与抒情交融在一起，相映成趣。纵然诗人说自己"无言"，但其凄凄之情却溢于笔端，涌动于字里行间，感人至深。可以说全诗至此已达到了"此时无声胜有声"的最高境界了。

　　可以说这首诗是非常讲究结构艺术的，由写景至抒情最后达到情景交融，一点也不含糊。我们在写抒情文章时就可按照这种结构一步步展开。写景是为了渲染气氛，为下面抒情作铺垫，因此景写得是否到位直接决定了情感抒发的深度。还有一点，我们要注意，写景从更深层而言就是抒情，它是内心情感的一种外显。刘勰在《文心雕龙》中说"登山则情满于山，观海则情溢于海"，人在内心情感的作用下，会有意识地将所见之物涂上自己的情感的印记。也就是移情作用。因而，我们在构思时一旦选定了这种结构方式，写景就要达到"未闻其人已闻其声"的效果，这样的话，抒情就

会如《黄昏》中所达到的"无言"而有情的水到渠成的传神
效果了。

我爱秋天

......

啊，秋天，秋天，我爱秋天，

——我的祖国的秋天啊，

你是多么成熟而又生气勃勃！

你是多么香甜而又多姿多彩！

晓雪《秋色赞》

这段诗是《秋色赞》的第五节，也是最后一节。前面的四
节分别突出了碧蓝、金黄、翠绿、火红的秋天色彩，最后一节
是"总结"。诗人热情赞美祖国的秋天是"多么成熟而又生气勃
勃"，"多么香甜而又多姿多彩"。诗文如下：

......

我从祖国的边疆走到首都，

我从祖国的高原走到海边，

这里在忙收割，那里在播种、耕田，

一边果实累累，一边花朵正开

......

啊，秋天，秋天，我爱秋天，

——我的祖国的秋天啊，

你是多么成熟而又生气勃勃！

你是多么香甜而又多姿多彩！

这一小节，我们把它独立出来，完全可以作为一篇自成体系、结构层次分明的文章来阅读。对于广大中学生尤其是初中生，这是一篇脉络分明、结构清晰的借景抒情散文的范文。"我从祖国的边疆走到首都，/我从祖国的高原走到海边"这一句我们可以将他总结为写作的背景，包括要交代的观赏的时间、观赏的地点，即是看见景物的准备。这是第一步。第二步，"这里在忙收割，那里在播种、耕田，/一边果实累累，一边花朵正开……"这是写景，全面展开，极力渲染，接着"啊，秋天，秋天，我爱秋天，/——我的祖国的秋天啊，/你是多么成熟而又生气勃勃！/你是多么香甜而又多姿多彩！"这是第三步，直抒胸臆，点明主旨，将感情推向高潮。这一段笔墨不必太多，冗长的抒情反而会减弱其效果。这三步是我们初写抒情文章的标准模式，其中写景部分笔墨居多，突出景物，为情感的抒发做好铺垫。把这一部分写好，下面的情感抒发才能更加流畅，更加自然。大家不妨按照这个结构写篇《公园里的春天》，抒发你对城市美好风景的热爱之情。

天才的雕刻家

烦忧是一个不可见的
天才的雕刻家。

纪弦《雕刻家》

诗人一开篇就说"烦忧"是"雕刻家",以此切入"烦忧",展开细致的描写,将人生的"烦忧"比作"一个不可见的天才的雕刻家";将自己当作这位"雕刻家"雕刻的对象。诗人奇妙的比喻,使短诗获得了极强的艺术生命力,形成了诗的完整形象。全诗如下:

烦忧是一个不可见的
天才的雕刻家。
每个黄昏,他来了,
他用一柄无形的凿子
把我的额纹凿得更深一些;
又给添上了许多新的。
于是我日渐老去,
而他的艺术品日渐完成……

在行文中,开头两行,总括说明烦忧的特点。比喻中"不可见的""天才的"两个限制用得耐人寻味。人活着，不可避免地会遇到这样或那样的烦忧，伟人也好，平民也好，都摆脱不了烦忧。"不可见的"正是它的特点，无形却留下了皱纹。"天才的"一词本是褒义，在这里面却隐含着更深层的意义。它的天才之处就在于任何一个未经雕刻的对象都会成为它的作品。下面的六行诗又接着细致阐释这位"雕刻家"，说它的工作，写得具体而又形象。

纵观全诗的结构，我们会发现这首诗层次分明，先总说烦恼的总体特点"不可见的天才雕刻家"，再具体围绕这个中心句展开细致的描写。形成了总——分的行文结构，这种结构在我们的作文中会经常使用到，尤其对于初中生来说，更具有实用性，其好处在于脉络分明，层次清晰，富有条理。开头总说部分体现了文章的中心，对作者而言，可由此展开，不易跑题；对读者而言，中心突出，简单明了，便于把握。

可惜我不是少女

> 可惜我不是少女，
> 辜负了轻风花香织成的面纱。
>
> 朱湘《黑夜纳凉》

诗人朱湘的这首诗简短、清新，犹如一杯茗茶，余香缭绕，绵绵不尽。短短的两行诗却意味隽永，包含着数不尽的情趣。

一开头，诗人就说"可惜"让人愕然：也许诗人下面要说的是一种深深的遗憾与愁苦吧。而诗人却说："可惜我不是少女，辜负了轻风花香织成的面纱。"哈，原来诗人是觉得"轻风"与"花香"仿佛"织成"了秀美的"面纱"，如果自己是"少女"就可以尽情享用这样精美绝伦的"面纱"了。

诗人的内心真实的感情是怎样的呢？虽然开篇即说"可惜"但两行诗的背后那种从心而发的喜爱、赞美之情已溢于读者眼底。"可惜"无法掩盖流露到字里行间的喜悦之情。

作者的写法显示了个性的智慧。我们称之为"欲扬先抑"。即作者先说"可惜"似乎很遗憾，接着话题一转，展示事实的情况是"不可惜"，反而是一种令人羡慕的享受。在这种手法中，"抑"更有力地突出了后面的"扬"，前面的"抑"正是后面的"扬"的一种铺垫。

作文中，我们用它来组织文章，会增加文章曲折性，可读性。如写一个你熟悉的人，以"爸爸"为题：先写你心中的"爸爸"太不像话，他星期天都不待在家里，完全忘了这个家，妈妈满腹委屈；再写他不注意细节，夏天大短裤，老头衫，完全没有一点领导形象，继而奇怪，怎么那么多人认识爸爸，而且还很喜欢他；后来听他单位的一个叔叔说，每星期天一下乡，爸爸就一头扎进老乡堆里唠这唠那，稍不留神，就找不到他了。这个思路就是先抑后扬，文章结尾便是赞扬"爸爸"关心群众疾苦，为人民服务，无私奉献的公仆精神。再举一个写景的例子，如李辉英的《故乡的山梨》中，作者写道："说起故乡的山梨，并不像一般梨子那样甜蜜可口，皮嫩如膏，反之，它倒是一身酸味，皮厚得像一层老布，你们也许很以为怪了。"
这样的山梨，有什么值得不忘呢。不，我觉得故乡的山梨特别
叫我不忘的地方就是它的酸和粗厚的皮！……"这就是在开头
用"抑"继而由"抑"到"扬"的描写。

你住在哪里

你住在哪里？
我住在万年的深山里
我住在万年的岩石里

艾青《煤的对话》

这首诗写人与煤之间的对话。按科学角度来讲，人煤对
话，这是永远都不会发生的事情；然而，整首诗所描写的对话
在情感上又真实可信，充满了令人深思的哲理。

你住在哪里？
我住在万年的深山里
我住在万年的岩石里

你的年纪——
我的年纪比山的更大

你从什么时候沉默的？
从恐龙统治了森林的年代
从地壳第一次震动的年代

你已死在过深的怨愤里了么？
死？不，不，我还活着——
请给我以火，给我以火！

　　诗人所写的"煤"就像一位历经岁月沧桑的老人，亿万年
前，他是一棵树，后来，恐龙统治了森林，地壳变动，树木倒
下被埋在地层深处，过了许多年，最终变成了煤。这首诗写了
煤产生的整个过程。但这不是诗人的主要目的，因为诗中的煤
已经具有了人的属性——"沉默"，在经历了自然界的灾难后，
它失去了往日的繁茂，被埋在地下，四周黑洞洞的没有光明，
它只能保持沉默。然而，其心不死，其志不灭，它渴望着火的
到来，"请给我以火，给我以火！"要用自己的焚毁来照亮周围
世界，同时也使自己在烈火中永生。由此看出，这是一首含义
深刻的咏物诗，它所咏的实质上不是煤，而是人；赞扬的是具
有不甘屈辱、自强不息的奋斗精神。事实上，诗作于1937年
春天，正是中华民族处于危急存亡的关头。我们的民族有着煤
一样的历史，有着煤所遭受的灾难，又像煤一样长久地沉默，
更像煤一样身上蕴含着无穷无尽的热量，并和煤一样憧憬着光
明灿烂的前景。这是诗中寓含的深义。
　　分析至此，我们会发现它的思想容量如此大，但诗人写出
的篇幅却如此小，只有十二行，这里得益于诗所采用的表现形

式——对话，一问一答，问得冷静，答得热烈。人与物对话形式的选择，使煤的内心世界得以表白。这种方法灵活、有趣、吸引人，值得我们借鉴。例如在说明鹅卵石的形成过程的说明文里，就可以写一个小男孩在河边与鹅卵石的一段对话，小男孩问，鹅卵石回答，以此展示鹅卵石的形成过程，这样写出来的作文与通常我们采用的平实的说明文相比更富趣味，更生动形象。

多久多久我也永远忘不了

......

我离故乡又有多久了？

多久多久我也永远忘不了

——虽然，我至今还未见到

田野《乡情》

这又是一首怀念家乡的诗。感情的自然流露，让人备感亲切，而对于那些同是在外漂泊的游子来说，此情也最是催人泪下。

我到过的地方有多少？

多多少少我都渐渐忘记了

——虽然，它们也是那么美好

我离故乡又有多久了？

多久多久我也永远忘不了

——虽然，我至今还未见到

全诗语言清新朴实，平平常常的话语像是在与老朋友闲聊，又像在自言自语。没有任何修饰，平实无比的语句中却蕴含了诗人真挚、深沉的情感。这种深情在两节诗所设置的对比中显得尤为突出。"我到过的地方有多少？/多多少少我都渐渐忘记了/——虽然，它们也是那么美好"。是呀，随着岁月的流逝，很多美好的、原本也清晰记得的景物和事情也会变得模糊起来，这是人之常情吧。而第二节，语气却发生了变化："我离故乡又有多久了？/多久多久我也永远忘不了/——虽然，我至今还未见到"，离故乡到底多久了？可能没有一个明白的答案，因为太久了。而诗人立刻加上一句，"多久多久我也永远忘不了"，只是因为那是故乡！到此为止，诗人对故乡的感情超过任何一个美好的地方，他的那种偏爱已经呈现得明明白白了，最后一个"虽然，我至今还没见到"把所有的砝码毫不保留地投向了故乡的这一边。一个从来没见到的故乡竟能胜过所有美好的地方，乍听起来，似乎有点荒唐，可再想一想，感情就是这么真实，故乡就是这么充满诱惑。一二两节中句句互相形成对比；"到过的地方，与"故乡"对比，"忘记"与"永远忘不了"对比，"美好"与"还未见到"对比，三处对比将作者对故乡的深情展现得淋漓尽致。

在我们作文的谋局布篇中，这种对比手法对我们中心思想的表达有极大的帮助，互相对比的两种情况可以作为文章的两个部分，其作用有两种：一是通过对比，突出你所要赞扬的那一部分，如写人，"他对个人小事不拘小节"与"对待工作认真仔细，一丝不苟"对比，突出他的高尚品质和敬业精神；还有一种可能，就是两种对比呈现出两种状态，以突出该事物的可爱。如写故乡的冬夏截然相反的两种景色，这种对比更能呈现出故乡的迷人风景。

草是朴素的

> 草是朴素的
> 它没有花卉
> 在脚和蹄子下面
> 它多么卑微
>
> 绿原《草》

春天刚刚来的时候，最先感觉到的便是小草，诗人绿原发现了小草的美丽，谦逊的、不张扬的美丽。很多人赞扬小草的平凡，绿原也赞美它的平凡，又不仅仅发现和赞美了这种平凡。小诗如下：

草是朴素的
它没有花卉
在脚和蹄子下面

　　　　它多么卑微

　　　　它抵抗着霜
　　　　它悄悄萎黄
　　　　明年它又虔诚地变绿
　　　　陪伴着土地的荒凉

　　　　它爱重自己
　　　　它更爱重世界
　　　　种籽和春天来了
　　　　它说它愿意让开

　　小诗第一节写草任人践踏，"没有花卉"的"朴素"，从而
显示了它的"卑微"。第二节，写秋天小草"抵抗着霜/它悄悄
萎黄"，这不仅是承接了上段的小草平凡的特征，而且又透露出
了平凡中的坚强："抵抗着霜"，紧接着又说"明年它又虔诚地
变绿/陪伴着土地的荒凉"。"虔诚"一词增加了一层新的含义，
"虔诚"多指人的真挚、忠诚的情感。用它来写"草"，自然是
内心中把"草"当作了人。第三节写"它更爱重世界"，因为当
"种籽和春天来了"的时候，"它说它愿意让开"。这又揭示了小
草的牺牲自己、满足别人的无私奉献精神。

　　小诗三节分别描写了小草的三个特征，一节一个，层次分
明，中心突出。对于我们的作文来说，它提供了一个结构的范
式。在描写事物特征时我们就可以分段描写景物的各个特征。
尤其对于初中生来说，简单的结构、清晰的段意是我们写作文

首先要学习和掌握的。三个段落并列开来，各抓住一个特征，也可以再增加首尾两段：首段点题；尾段收束全文，作以总结。清晰、明白的结构能够反映出作者具有清晰的思路。这一点在作文中要引起我们的重视。

生命的小舟

划破茫茫大海的，

不是白昼的太阳，

不是夜晚的星星，

也不是日夜吹着的风。

划破大海的，

是一只生命的小舟。

蓉子《小舟》

蓉子的这首小诗简短而深刻，重在揭示出"划破大海的，是一只生命的小舟"的主题。在表现这一论断之前，诗人以三个"不是"来否定了三种想法，指出"不是白昼的太阳""不是夜晚的星星""也不是日夜吹着的风"。也许这是人们通常认定的，或者有的人这样认为，总之，作者的否定是具有一定的指向意义。在否定了三种观点之后，诗人推出自己的观点："划破茫茫大海的，/是一只生命的小舟。"

因为这是诗，所以要用诗特有的含蓄意境来表达诗人对世界的感悟，但同时，它也表明了诗人的一种坚定的立场与观点。由此，我们可以把它和我们作文中的议论文联系在一起。诗人的"不是……不是……也不是……而是……"的句式正是他阐发自己观点的论说方式。虽然诗人没有说明"不是"的原因和"是"的理由，这是由诗特定的体裁决定的。我们在写议论文时，就可以按照这个逻辑顺序来写。在提出自己论点之前，否定与你对立的其他观点。当然要进行论述否定的原因，即该观点不能成立的理由。可以抛出多个观点逐一否定，最后再提出自己的观点，并说明成立或可行的原因。这个行文过程其实就是驳论论证的过程。诗人给我们提供的简单句式也正是驳论过程压缩出的句式。

这种"不是……不是……也不是……是……"的句式也可以有其他的变化形式，用在议论的段落中同样具有感染力。如江苏一位叫顾熙煜的初中生在他的作文《笑对人生》中，就运用了"不要……不要……不要……要……"的层层否定句式：

> "不要冷笑，这会显得你冷酷；不要尖刻地笑，这会显得你心胸狭窄；不要莫名地笑，这会显得你很迷惘；不要不屑地笑，这会显得你太冷漠；不要嘲讽地笑，这会显得你太苛刻；不要看破红尘地笑，这会显得你太空虚。当我们挂上这些笑时，是何等可悲，何等可怕。这些笑不应属于我们这些风华美少年，青春美少女。我们要扫除脸上、心头的阴霾，修健康的心态，铸健全的人格，才配肩荷时代的重任。我们要带着天真的笑迎接清晨的每一缕曙光。"（见《对人生的

最初思考——中学生议论文》高俊卿主编 辽宁教育出

版社)

这一段用了五个"不要……这会……"来力排众议，否定

了其他的各种"笑"，体现了小作者真诚的劝告，然后证明了自

己观点的正确性。给人以立场鲜明、态度诚恳的行文感受。

假如失去了真诚

假如失去了真诚

就像湖泊失去了涟漪

夜空失去了星星

……

赵丽宏《假如失去了真诚》

这首诗的主要意思是在说明真诚的重要性。但诗人却回避

了正面说明它的重要，而是从反面，从"失去了真诚会如何"

入手，证明真诚的重要性。

假如失去了真诚

就像湖泊失去了涟漪

夜空失去了星星

优美的小提琴

失去了弦和弓

清澈的明镜

蒙上了迷离的灰尘

  全诗以"假如失去了真诚"这一假设分句领起，阐述了没有真诚的后果，并以比喻来说明："就像湖泊失去了涟漪"，没有涟漪的湖泊便没有了生命力；就像"夜空失去了星星"，那就是漆黑一片；像"优美的小提琴/失去了弦和弓"，那就再也无法弹奏出美妙的乐曲了；像"清澈的明镜/蒙上了迷离的灰尘"，那就意味着镜子失去了"照人"的最根本的特征。诗人列举了多个比喻，细致而全面地说明了"失去了真诚"将面临的结果。

  诗人思路清晰，立意新颖，虽是诗，却也有条理，层次分明，如果扩展开来可以称得上是一篇行文流畅的议论文了。这一点正是我们可以借鉴的，我们在议论文中要想证明一个论点，如果不宜从正面直接进行论述或者从正面论述后力度还不够的时候，就可以从反面论述。如写"要有博大的胸怀"的议论文，我们就可以从反面来论说，"如果我们没有博大的胸怀"会如何，就不能取他人之长，补己之短，发展完善自己；不能宽容别人，在集体中也就把自己陷于孤立的境地，会影响工作的开展，影响自己形象的树立，其中我们可以引用反面的事例来充实这种论说，得出"心胸狭窄、鼠目寸光、锱铢必较的人，最终是无所作为的"。从而证明了"博大胸怀"的重要性和必要性，这种论证的逻辑同样有较强的说服力。

假使我们不去打仗

假使我们不去打仗，

敌人用刺刀，

杀死了我们，

还要用手指着我们骨头说：

"看，

这是奴隶！"

田间《假使我们不去打仗》

该诗作于1938年，当时，日本帝国主义入侵我国，国难当头，人民处在水深火热之中，国家的主权受到威胁的时刻，人民奋起反抗。诗人田间的一首《假使我们不去打仗》就是要揭示这种严峻危急的形势，意在激发全国人民的爱国情感，积极投入到保家卫国的斗争中去，捍卫祖国的国土，人民的幸福。

全诗以一个"假使"领起，展示"如果不去打仗"将会出现的后果。从反面说明打仗的必要性。这种反面论证的角度要比正面论证更具有说服力，我们可以进行一下比较，将全诗改为"假使我们去打仗，/我们用刺刀，/杀死了他们，/还要用手指着他们骨头说：/'看，/这是侵略者！'"两相对比，我们就会发现，这种表达的力量要明显弱于诗人田间的表述的力量。人们会觉得战争胜利的结果不过如此，不去打仗也不会有什么大不了的。这样就没有渲染出当时危急的气氛。由此我们可以发现：相同的含义，以反面的角度来表现更有力度，更具鼓动性。就本诗内容而言，从反面表现出来，更能触及个人灵魂深处，传达出的审美感受不仅是国计民生的忧患感，更重要的是关系到每个人的生死存亡的紧迫感，因此更能显现斗争的意义。

这启示我们在写作文尤其是议论文时，要善于运用反面论证，抓住深层的对立面，写透，其效果往往要超过正面论述。如广东的何琳同学在她的《为什么要遵守纪律》一文中，有一段就是从反面来论述的：

"如果社会中没有纪律，一切就都会乱成一锅粥。上车不排队，乱挤乱拥；买东西不排队，你推我搡，整个社会将成什么样子？在学校里，上课不注意听讲，讲话的讲话，看小说的看小说，这样上课，老师还有心思讲吗？同学的学习还有保证吗？由此可见，生活中许许多多的事情，都要我们遵守纪律，也只有遵守纪律的人，才会更受人欢迎，生活也才会更快乐。"

这样把危害说明，使人更易于感到问题的严重程度。

真挚情感的抒发

为什么我的眼里常含泪水

> 为什么我的眼里常含泪水?
>
> 因为我对这土地爱得深沉……
>
> 艾青《我爱这土地》

在艾青众多诗篇中,要数《我爱这土地》最深刻地体现了诗人强烈的爱国情感和甘愿为祖国献身的精神。全诗如下:

> 假如我是一只鸟,
>
> 我也应该用嘶哑的喉咙歌唱:
>
> 这被暴风雨所打击着的土地,
>
> 这永远汹涌着我们的悲愤的河流,
>
> 这无止息地吹刮着激怒的风,
>
> 和那来自林间的无比温柔的黎明……
>
> ——然后我死了,
>
> 连羽毛也腐烂在土地里面。
>
> 为什么我的眼里常含泪水?
>
> 因为我对这土地爱得深沉……

这首诗写于1938年末,是诗人亲身体验了北方广大农村灾难现实后的作品。北方农村的苦难景象，使诗人难以拂去"忧郁"的阴影。然而，诗人尽管"眼里常含泪水"，但他并未绝望消沉，反而以更为深沉执着的爱来抒发自己对祖国这块神圣土地的耿耿爱恋。诗人无比真诚地宣布：他要像鸟一样不倦地歌唱祖国。纵然是死了，也希望把整个身体都融入祖国的土地里。诗人的爱国之情表达得如此热烈而又诚挚。"为什么我的眼里常含泪水？/因为我对这土地爱得深沉……"这两句诗，在祖国还在经受苦难煎熬的岁月里，道出了所有爱国者的心声。这是一种为祖国竭尽忠诚和无私奉献的心愿的形象显现。

最后两句成为本诗的点睛之笔，也是诗人情感的爆发点。在我们写作文时，可以直接引用来抒发对祖国的热爱之情，来赞美为国献身的无悔精神。有多少台湾同胞翘首期盼，盼望着两岸早日统一，又有多少港澳同胞荣归故里，投资办厂，发展家乡经济；有多少海外游子拒绝国外优厚的生活条件，毅然决然地回国工作，又有多少各条战线的好儿女为了祖国各项事业的发展奔波忙碌，不知疲倦，无怨无悔……他们的工作不同，经历不同，但是当面对祖国的一刻，他们有着共同的心声：为什么我的眼里常含泪水？因为我对这土地爱得深沉……

双手抱住太阳的脚

在这最后的瞬间，我睁眼，
双手抱住太阳的脚，看

叶颤，花舞，听市声的沈醉，

直到落下欢欣的眼泪！

于赓虞《秋晨》

诗人一觉醒来，乍见秋天早晨的景色，无限惊喜，于是抒发了当时欢欣愉悦的情怀。先是"双手抱住太阳的脚"，这一个"抱"的动作便一览无余地展示了一睁眼看见秋天早晨的太阳的喜悦心情。接着写所见所闻，看见枝叶和花朵在秋风中摇摆，在诗人眼中那是激动的颤抖、兴奋的舞蹈；喧嚣吵嚷的市声此刻听起来也不那么嘈杂、心烦，因为那是沉醉在秋天阳光下的声响。诗人感受到这些场景，又怎能不"落下欢欣的眼泪"？从"看""听"到"落泪"，诗人一定有许多心理活动和感情变化，但这都被作者省略了。浏览整节诗，我们会发现诗人描写的都是具体的物象，而无形的内心活动和情感则隐含在其中。

诗人这种以描写具体物象代替直接抒发情感的写法是含蓄的，并且对我们的作文具有另辟蹊径的意义。也就是说，当我们要抒发一种强烈的感情的时候，未必就得直接地说出来，而是可以细腻精致地描写刻画具体景物、事物甚至人物。这些具体的事物就可以传递出你所要表达的情感。如赞美春天，你可以写春天里的景色：花草千姿百态，树木繁茂葱郁，山清水秀，田野里生机勃勃，到处都充满了新鲜的绿意；也可以写春天里的人：精神抖擞，意气风发。老人在春暖花开时散步，年轻人在春天出去郊游，小孩子在广场上放着各式各样的美丽的风筝……从各个角度渲染出春天的美丽景色，以此抒发你对春天的赞美、热爱之情，这要比单纯地抒情如"春天，我赞美你""春天，美丽的春天！"更具感染力，更有情趣。

我飞奔

> 我飞奔，
>
> 我狂叫，
>
> 我燃烧。
>
> 我如烈火一样的燃烧！
>
> 我如大海一样的狂叫！
>
> 我如电气一样的飞跑！
>
> **郭沫若《天狗》**

在写作文过程中，如果想找到一种能够表现自我强烈情感的方式，我们不妨来体味一下郭沫若《天狗》中的这一节，可以说这是一种最直接的方式。诗人决心冲破一切束缚个性发展的桎梏与罗网，其巨大的勇气与澎湃的激情常常让作者不能自已，强烈的情感从年轻的胸膛中喷涌而出，射出了惊雷闪电一样的诗句："我飞奔，/我狂叫，/我燃烧。"三句诗，掷地有声，铿锵有力，如震天的锣鼓重击在读者的心头，而到此为止，诗人觉得内心的情感还未宣泄彻底，在内容上又重复了一遍，力度上又大大地加强，用三个比喻进行排比："我如烈火一样的燃烧！/我如大海一样的狂叫！/我如电气一样的飞跑！"就像猛烈的旋风以破竹之势扑面而来，让人躲闪不及。很自然的在读者心头产生了极具震撼力的冲击波，使人感到"五四"一代新人的气概是何等的豪迈与奔放，而这正是诗人急于表达的意思。

诗人在表达这种强烈情感过程中，采用的手法极其精致、讲究。三个精练的排比，造成先声夺人之势，紧张的气氛应运而生，而后，递进的比喻更深一层地将气氛渲染到了极致：这两点对我们作文极具启发意义。要表达强烈的情感，诸如兴奋、愤怒、高兴、悲痛时，或者要渲染紧张、窒息、压抑的气氛时，我们都可以借鉴这种表现方法来突出和增强相应的感情气氛。

当然，我们分析这首诗的感情与表现方式是为了从中吸取一些写作技巧，而在实际的写作过程中，并不是如此严丝合缝地遵循固定的表达方式，甚至有可能诗人在写作的时候并未考虑是否用排比或比喻，可能就是率性而书。诗人自己在回忆中也说过，当灵感来的时候常常无法控制自己。我们承认这一点并不妨碍我们去学习和借鉴相应的表达方式，因为率性而书产生的表达方式是作者最自由的选择，也就是最佳的表达方式。

那一次我的思潮里
没有你波涛的清响

大海呵，

那一颗星没有光？

那一朵花没有香？

那一次我的思潮里

没有你波涛的清响？

冰心《繁星·一三一》

　　大海以其广阔无边而深受人们的青睐，当我们面对蔚蓝的大海，倾听汹涌的涛声时，心潮会无法克制地随之翻滚，同时内心会不由得惊叹大海的博大深沉。这时我们的精神世界也会随之升华到一个新的境界，仿佛自己的胸怀就像大海一样博大深沉。对于冰心来说，这种感触更为强烈，因为她从小就是在海边生活。在这首诗中诗人动用呼告手法直接抒发热爱大海的情怀。

　　诗人由大海联想到星光和花香，光辉使星星在夜空中为人所见，使夜空有了光亮，不再漆黑，香气使花成为"花"，具有令人陶醉的品质。光辉对于星星，香气对于花朵都如同生命一样不可分离，同时也象征着无比美好的世界。诗人以此来衬托，强调大海对自己的巨大影响，从而抒发了对大海无比热爱的情怀。

本诗的感情是深入人心的，从另一角度来看，又是很普遍的，因而表达出来，易于引起共鸣，但又常常会流于平常而难以脱俗。作者在此运用三个反问句式，使这首诗顿生妙意，同时，使诗中的感情表达得更加深沉、强烈。可以说，反问句式的运用是本诗的最大艺术特点和成功所在。反问句式的设置，是以疑问形式表达确定的含义。诗人的思想是明确的，她是无疑而问，并不要求回答，也无须回答。这种句式比直陈句式多了一个层次，不仅语言起伏变化较大，而且留有余地，让读者自己去咀嚼、去回味。

在我们写作文时，适当地运用反问句，尤其在抒情、议论的过程中，会推动文章向高潮进展，增强感情色彩。例如在题为《有钱就是幸福吗》这篇作文中，一位陕西的名叫李阳的初中生以反问方式进行展开："历史上，在'物质享受'和'幸福'之间画上等号的，主要是剥削阶级中的一些没落的阶层，连属于奴隶主阶级、封建地主阶级的政治思想家也不齿，我们新时代的青年又怎能将这些腐朽的思想奉为生活信条呢？"（见《中学生分类议论文大全》王学礼、阎述兰主编 海南出版社）这就增强了文章批驳的力度。

在使用中有一点大家要注意：反问是情感宣泄的方式，必须是在情感发展到一定程度之后才可以反问，切不可来得突兀，这样不仅不会起到应有的效果，相反会让读者觉得生硬，无法接受。

我们的工地，在云彩中间

我们的工地，在云彩中间

我们的帐篷，就搭在云彩上面，

上工的时候，我们腾云而下，

下工的时候，我们驾云上天。

……

雁翼《在云彩上面》

　　诗人写的这首诗尤为奇特。从前面分句中的"工地""帐篷""上工""下工"四个词语来看，我们马上明白"我们"指的是工人，同时"我们"是在劳动。事实上，诗人写的正是20世纪50年代中期辛勤工作在大巴山隧道工地上的解放军工程兵。他们的工作是很艰苦的，而诗人笔下的他们竟充满了无限乐观的激情："云彩中间""腾云而下""驾云上天"。为什么劳累的工作在诗人笔下竟变得如此轻松？是基于深厚的情感，是劳动者冲天的激情，也是作者急于传达这种热情的真挚诚恳之情所致。

　　有了热情，再艰苦的工作都会不自觉地增添了一些快乐。写作文也是，再美的东西，你不喜欢，不赋予它真挚的热爱之情，写出来也是缺乏生气，僵硬呆板的。例如描写玫瑰的时候，喜欢玫瑰的人会觉得玫瑰因为有刺才显出自我的个性，不喜欢甚至讨厌玫瑰的人会指责"玫瑰多刺有骄娇二气"，让后者

去写玫瑰，他一定不会写出玫瑰的美丽。写作是一种创造，是
自我的创造而不是复制。你必须把你对所写之物的情感也写进
去，当然，方法不止一种，可以是直接的抒发，也可以是间接
的流露。只有赋予了情感，才能将写作对象富有生机地创造出
来，才能感染读者。

好，黄山松，我大声为你叫好

> 好，黄山松，我大声为你叫好
> 谁有你挺得硬，扎得稳，站得高；
> 九千里雷霆，八千里风暴，
> 劈不歪，砍不动，轰不倒！
> ……

张万舒《黄山松》

在当代诗歌中，张万舒的《黄山松》是一首具有浓郁的浪
漫主义色彩的抒情佳作。吟诵这首诗，我们首先被它那博大宏
伟的场面和磅礴雄浑的气势所震撼、所激荡，大自然的风雨、
雷电、霜雪，统统收入笔底，构筑成壮阔的形象体系。大自然
在这里被充分人格化，诗人赋予这些自然界的事物以强悍的生
动意识和飞动的色彩。诗人抒发火热感情的对象是生长在悬崖
峭壁上的虬松——黄山松，它具有驱使宇宙风雨雷电之伟力，
因为它"挺得硬，扎得稳，站得高"。即使大自然爆发出极具杀

伤力的灾难，"九千里雷霆，八千里风暴"，黄山松也照旧"劈不歪，砍不动，轰不倒"，以其气吞山河的气势，巍然挺立，这场面，这气氛，多么震撼人心！

这首诗气势高昂，感情强烈，我们可以借此去体味如何抒发热烈的激情，诗一开始，便冲口而出："好，黄山松，我大声为你叫好"，犹如火山爆发，不可扼制。

俗话说："万事开头难"，也有人认为"良好的开端是成功的一半"，在抒情文章中，开头感情的抒发是全文感情的基础，感情必须由此走向高潮。一开头就显示强烈的情感，能缩短到高潮的距离，增加感情生发的力度，造成一种扑面而来的冲击力。当然，这种感情一定是非常强烈，能够上升到高潮处，如果后面的感情抒发没有力度，反不如开头强烈，就会给人一种"虎头蛇尾"的头重脚轻之感。

火！哦，如果是火

火！哦，如果是火！

你投掷在黑夜！

你燃烧在黑夜！

冯雪峰《火》

这首诗无疑是在抒发诗人对"火"的强烈的赞美之情，感情充沛有力，激烈高昂。

诗人在抒发情感时借助了有力的表现手段，那就是感叹号的重复运用。感叹号不仅表示停顿，如同句号所表示的意义，更突出的特点是能表达出强烈的感情与语气。人们在阅读带有感叹号的句子时，会格外加重语气，加深感情。如，"悲哀呀！烦恼呀！寂寥呀！衰败呀！"（郭沫若《凰歌》）单个词语再加上感叹号，就立刻表明作者饱含着深深的情感，就像火山一样要突然爆发。如果没有感叹号，就是"悲哀呀，烦恼呀，寂寥呀，衰败呀"，气势就会立刻减弱，倒成了母亲口中的念叨，好像后面还有话要说，其中的含义都要大大改变。

在我们的作文中如果想表达强烈的情感，在标点的选择上就应该多考虑考虑感叹号的运用。

在这首诗中，除了感叹号之外，借以抒发情感的另一种辅助手段就是叹词"哦"的运用，它与叹号一起给诗句注入感情，厚重而凝练，增强了语言的感染力。这种方式运用比较广泛，如表示赞叹："哎！哎！多体面的姑娘啊！"（老舍《全家福》）表示惊讶："啊！这简直像一个晴天霹雳。"（峻青《黎明的河边》）表示轻蔑："呸！你这小伙子没出息！"人物的种种激烈感情都可以借助感叹词表现出来。

有效地运用叹号与感叹词，会增强文章的感情色彩。省去细腻的描述却同样可以抒发表达情感，这是感叹手法运用的妙处。

大堰河，含泪的去了

大堰河，含泪的去了！
同着四十几年的人世生活的凌侮。

艾青《大堰河——我的保姆》

这是艾青在1933年1月写于狱中的《大堰河，我的保姆》中的一段。这首长诗是艾青早期创作中成就最高、影响最大的作品。它一发表，即轰动了整个文坛。在这首抒情长诗中，诗人满含深情地抒写了贫家妇女大堰河一生凄苦的命运，从一个侧面反映了旧中国农村凋敝的景象。

......

大堰河，含泪的去了！
同着四十几年的人世生活的凌侮，
同着数不尽的奴隶的凄苦，
同着四块钱的棺材和几束稻草，
同着几尺长方的埋棺材的土地，
同着一手把的纸钱的灰，
大堰河，她含泪的去了。

......

这一段写大堰河悲惨地死去的情景，感情真挚，手法新颖。一连用了五个"同着"，组成了排比句式，感情强烈。强大的气势里该有巨大的承载吧！然而，事实却相反，因为"同着"的是"凌侮"，"同着"的是"凄苦"，是"棺材"和"稻草"，是"几尺""土地"，是"纸钱的灰"。累加所有的"同着"的内容，竟然捧不出一点有价值、让人感到温暖的东西，都是贫困与凄凉。这种写法产生了巨大的反差，越是给足够的篇幅去描述，越是怕有落下的东西，结果就越显得一无所有，这种反差将给人带来强烈的冲击力。

如我们写一位漂泊一生的老人暮年的孤单清贫，他积攒的东西很多。有几十年望断故乡的期盼，有年轻时母亲塞在他怀里的半斤粮票，有不能守在父亲床头的愧疚，有一年四季的四套衣服，有足够去下一个城市的路费，有每天夜晚都包住他的破旧毯子……

我躺下，我就应该是
一块新的绿洲

我躺下，我就应该是一块新的绿洲

我站起，我就应该是一片新的山系

章德益《我应该是一角大西北的土地》

　　章德益是我国大西北的诗人，他熟悉西北部生活，对这块土地怀着深厚的热爱之情。因而，他的诗一般都显得气势雄伟、壮阔、宏大而又豪迈。这首《我应该是一角大西北的土地》典型地体现了他犹如排山倒海般的气势。诗篇描述了大西北的壮丽、雄奇、辽阔、豪迈的气势，却又不是平铺直叙，而从抒情主人公自我的胸襟、精神中展现出来，令人读起来既畅快淋漓、大气磅礴，而又曲折有致。尤其是"我躺下，我就应该是一块新的绿洲""我站起，我就应该是一片新的山系"这两行诗，更是充满了火热的感情和磅礴的气势。

　　"躺下"和"站起"与"绿洲"和"山系"相连，给人无限美感。诗中"我"既是诗人自我感情的化身，又是大西北一块土地的自述。抒情自然，毫不矫揉造作。

　　这两行诗句式整齐，引用于我们的作文中，会增强文章的美感，并且诗中的情感具有伸展的空间，我们可以从中挖掘出适合我们作文的情感角度。

　　这可以看作是一个热爱家乡、献身家乡的赤子的火热情感。

　　这也可以看作是工作在祖国大西北各条战线上的奋斗者的冲天的激情与不朽的斗志。

　　这也可以和现在正在进行中的"西部开发"的题目联系在一起，作为西部开发者的坚定的信心与不可摧毁的勇气的表述。

为了明天

为了明天

为了抖去苦痛和侮辱重载

朝阳似地

绿草似地

生活含笑

胡风《为祖国而歌》

　　胡风是一位真诚、感情炽热的爱国诗人。在1937年七七事变发生后一个多月里，全民抗战正在中国大地上蓬勃兴起，诗人怀着深切的爱国之情，写下了《为祖国而歌》这首慷慨悲壮的诗，体现了一个爱国者的赤诚和为民族解放而殊死战斗的决心。他自己在《为祖国而歌·题记》中曾写道："战争一爆发，我就被卷进一种非常激动的情绪里。在血火的大潮中间，祖国儿女们的悲壮行为，使我流感激的泪水，但祖国儿女们的卑污行为，也使我流悲愤的泪水。于是，喑哑了多年的咽喉突然地叫了出来。"从诗人的这段话中，我们可得到有关创作的启示：诗人并不是为了写诗而写诗，乃是由于内心强烈的情感的作用，不吐不快。而我们写作的动机也应该是有感而发。

　　诗中第三节写道：

为了明天

为了抖去苦痛和侮辱重载

朝阳似地

绿草似地

生活含笑，

祖国呵

你底儿女们

歌唱在你底大地上面

战斗在你底大地上面

喋血在你底大地上面

诗句感情饱满，气势强烈。多处使用了排比句式：目的状语，"为了……"排比；状态状语"……似的"排比；谓语"歌唱""战斗""喋血"排比；同时，补语"在你底大地上面"重复三次。句子的各种成分都进行了各自的排比，使整节诗（其实是整句话）气势逼人。这既说明了诗人内心强烈的情感已到了呼之即出的程度，同时也说明了排比句式的强烈感染力。

因而，当我们要表现极其强烈的情感时，排比的修辞是最恰当的手法。如《对人生的最初思考——中学生议论文》一书中选编的广东麦子茵同学的《"世界是善良的人啊，请珍爱生命"》的排比的运用更显示了这种修辞的磅礴气势：

热爱生命，就合乎了人的定义，就有了人的尊严。热爱生命，就拥有了追求和希望，就会向着太阳奔跑。热爱生命，就不会睁着眼睛往深渊跳，去吸毒，去毁灭一切美好和正义！以

"热爱生命"领起的一组排比显示出了作者情不可抑的强烈程度。

作文的感染力并不是单纯依靠表现手法来支撑的，胡风是诗人，同时又是文艺理论家，他在《为祖国而歌·题记》中的话可作为我们创作的一条原则，即有感而发，作者内心情感才是最具感染力的，表现方式只是手段而已，因而我们在写作时候不能颠倒主次，否则难免有"无病呻吟"之嫌。

理想之光，依然
在胸中灼灼闪耀

> 漫长的岁月，我吞忍了多少难忍的煎熬，
> 但理想之光，依然在胸中灼灼闪耀。

叶文福《祖国啊，我要燃烧》

在诗中，诗人以"煤"的口吻抒发了自己的人生志向。

"煤"的形成过程作为诗人的切入点，"煤"在地下被埋没了成千上万年，无法接受阳光的照耀，这正和诗人由于特殊的历史年代所经历的不幸遭遇有共同之处，诗人由此抒发了自己理想不灭，忠心不改的高尚情操，所以"理想之光，依然在胸中灼灼闪耀"便是诗人从内心深处喊出的感慨。诗人在这两句诗中表现出了一种强烈的不屈不挠、忠贞不渝的高尚情感。诗

人同煤一样原本有着美好的理想与志向，但现实的境遇不仅没给他好的机会，反而使他一次次蒙受打击，"吞忍了多少难忍的煎熬"。在这样的情况下，诗人却依然高喊："理想之光，依然在胸中灼灼闪耀。"我们不禁为诗人的执着而感动。这也说明诗句传达出的情感是成功的。因而，我们可以在适当的作文语境中引用这两行令人为之感动的诗句。如我们描写一名贫困山区的孩子，家境贫寒，他几次辍学，而他凭借顽强的毅力和刻苦的精神终于走出贫困，服务于社会的艰辛历程时，我们就可以用这两句诗来刻画他的内心世界；这个人物也可能是一个历经生活打击，个人生活全无幸福可言，但是他仍然热爱生活，用美好的品质与精神服务于他人，服务于社会；他可能是一位海外的游子，在他乡异国历经磨难与不平的待遇，但为了学到更多的先进经验和管理技术，他甘于承受，在他心中，祖国的繁荣昌盛便是自己不懈的追求和理想。

我们也可以把它理解为一种对人生信念的执着与坚信，眼前的痛苦根本不能阻止前行者的脚步，更不能泯灭内心火热的情感。所以在作文时，我们可以将它看作是坚强者的执着信念，它体现着对祖国，对人民伟大的爱。

我们也可以将诗的内涵延伸到回顾祖国历史的情境中，我们的国家曾遭受封建主义、帝国主义、官僚资本主义三座大山的压迫，人民苦难深重，但是我们的祖国却异常坚强地战胜了所有的困难成为一个独立的伟大国家，我们在写这样主题的时候，也可以引用这首诗，赞美祖国的坚韧不拔的精神，从而暗示出其内在的巨大的潜力，抒发自己的强烈的爱国情感，说明我们的国家的前途会更加美好。

这种执着与坚韧就像一个打足气的皮球，你打它一下，根本不能让它停下来，反而更会激起它弹跳的热情。

在表达技巧上，诗人用"漫长的时间"来突出人物的执着精神。这种用时间来对比的方法我们在作文中会经常用到，如写"一件令我难忘的事"中，我们就会说："这件事已经过去好多年了，但我记忆犹新"；写"怀念家乡"的文章，可以写"虽然我离开故乡的小镇已经十几年了，但那条小河，那片树林，以及邻居家的小伙伴，常会浮现在脑海中，闪动在梦里面"。这些都是运用时间突出主题的例子。

赤潮澎湃

赤潮澎湃，

晓霞飞动，

惊醒了

五千余年的沉梦。

瞿秋白《赤潮曲》

这首诗最初发表于 1923 年 6 月 15 日的《新青年》杂志第一期上。它是我国最早出现的无产阶级优秀诗歌之一，也是作者瞿秋白创作道路上的一个里程碑。当时，诗人被派往俄国，他亲身体验到当时俄国十月革命席卷一切的宏伟气势，感受到了俄国人民澎湃的激情。并且，这种革命的浪潮迅速地涌入了中国的大地，也产生了巨大的影响。

诗人将这种澎湃的激情、这种宏伟的气势淋漓尽致地表达在这首诗里。"赤潮澎湃，/晓霞飞动"，"赤潮"指火焰般燃烧着的漫天朝霞和朝霞过后赤日光焰的愈益广远的照射。也是比喻无产阶级革命蓬勃兴起和共产主义理想的升腾。这是一个瑰丽的形象，它带着那哲理和诗情，笼罩全篇，贯穿始终，使诗中所写的一切，仿佛都溶在一片红光之中。显得雄浑伟美。"惊醒了/五千余年的沉梦"一句正显示出这革命的浪潮对中国产生的巨大作用。"五千余年的沉梦"则说明中国历史苦难的深重与久远。我们可以引用这节诗去赞美中国人民的觉醒，去描写那场伟大的变革。

在这节诗中，诗人激情万丈，给人留下深刻的印象。这给我们一个作文上的启示就是，文章感情的力量是巨大的。所以，我们在写作过程中要注意用感情的力量去打动读者，即便是在以说理为主的议论文，也需要一定的情感支撑，也就是不但要"以理服人"还要"以情动人"，这样说理的效果会更好。要想在作文中吐发真挚的情感，首先一个重要的条件就是，所写的事物或所发的议论必须是作者切身感受到的、真诚信仰的东西。只有这样，作者才会把满腔的热情倾注于此，才会震动读者的心弦。因而我们写作时对描写的事物与景物一定要有真诚的情感，是有感而发，才会给读者留下深刻的印象。

在黑暗面前

在敌人面前
它，是枪！
……
在黑暗面前
它，是光！

雷抒雁《信仰》

有很多同学抱怨作文写得没有气势，自己内心的情感总是
得不到淋漓尽致的抒发，写的时候满怀激情，写完之后回头再
看，总觉得很平淡，没有传达出自己澎湃的激情。问题究竟出
在哪里呢？也许我们看了雷抒雁的这首《信仰》就会受到一定
的启发。

在敌人面前
它，是枪！
在饥饿面前
它，是粮！
在严寒面前
它，是火！
在黑暗面前

它，是光！

全诗写"信仰"对于人生的巨大作用与价值。用八行列举了四种情况："在敌人面前""在饥饿面前""在严寒面前""在黑暗面前"。这四种情况都是异常危险与艰难的，但"信仰"却能够产生巨大作用。对敌人来说，它是枪；对饥饿来说，它是粮；对严寒来说，它是火；对黑暗来说，它是光。四个比喻的连用，使原本抽象的"信仰"变得具体，生动起来，表达了诗人对"信仰"的深刻的理解与诚挚的赞美之情。而诗人的情感是异常激烈的，如火山的喷发势不可挡，这源于他对"信仰"本身的情感，也借助了在传达这种情感的过程所使用的手法。全诗采用了短句的句式，简洁明快，读起来铿锵有力，句句掷地有声，字字扣人心弦。并且整首诗根本就没用任何形容词、副词来加以修饰，加以渲染，"是……"的判断语句非常简短，却充满了斩钉截铁、不容置疑的力量。

从这首诗的表现手法来看，不加修饰的短句能更有效地传达出激昂的情感。"是……"的判断句的语气更为强烈。可以传达出不容置疑的语气力量。因而我们今后作文如果想表达强烈的思想感情，便采用短句，直抒胸臆，气势强烈更为感人。同时，短句也能干脆利落地描述事物，生动入时地表现紧张、多变的情景，准确传神地表达各色人物的口吻，突出人物性格。

蝉翼般轻轻滑落的槐树叶

> 蝉翼般轻轻滑落的槐树叶，
>
> 细看时，还沾着些故国的泥土哪。
>
> ### 纪弦《一片槐树叶》

蝉翼般轻轻滑落的槐树叶，

细看时，还沾着些故国的泥土哪。

故国哟，呵呵，要到何年何月何日

才能让我再回到你的怀抱里

去享受一个世界上最愉快的

飘着淡淡的槐花香的季节？……

这是台湾诗人纪弦的《一片槐树叶》中结尾的一节，也是全诗的高潮。整首诗由一片槐树叶而引发。从一个特殊的审美角度表现了"乡愁"这一永恒的文学主题。诗人通过对那片槐树叶集中细致地描写来阐发了乡愁的情思。在最后一节中诗人的情感达到了高潮。第一句"蝉翼般轻轻滑落的槐树叶"表现了这片槐树叶轻且薄并易于破损的特征，在更深一层上是突出了主人公小心翼翼、倍加爱护的心态。树叶来自于故土，何况面对树叶上还沾着故国的泥土？此时此刻，诗人思乡之情一发不可收拾，在"故国哟"的荡气回肠的呼告与"呵呵"的感叹之后，诗人开始追问"何年何月何日"回到故乡？四行诗句中间没有一个标点，实际上是一个长句，读起来绵长不绝，到最后直至声音低沉，这个长句就像作者此时的思乡的情感一样悠远深沉，绵绵无法平静和止息。

诗人的思乡之情真诚而深切，令读者为之感动。这既是由于诗人内心的情感的强烈，也是由于诗人在表达这种情感时采用的方式增强情感的表现力。通常来说，用长句句式来描写情感的表达效果与短句会有很大的不同：短句常常掷地有声，节奏紧张，不给人喘息的工夫，因而往往用于议论，增强说服力；而长句更易于让人回味，更利于传达出细腻而悠长的情感，让读者挥之不去，更不忍抽身。本诗的最后长句虽然结束了，但诗人的情感却未结束，所以，我们在表达这种悠远的情感时，诸如思念、牵挂、担忧、盼望、怀念时，就可以采用长句的句式表达。

不再相见，并不一定等于分离

不再相见　并不一定等于分离

不再通音讯　也

并不一定等于忘记

席慕蓉《非别离》

　　这两行诗恐怕绝大多数人都能流利地背下来。都为诗中那真挚的情谊感动着。席慕蓉的诗含蓄优美，具有悠远的意味。这首《非别离》就时常被我们想起和吟诵。当我们与真诚的朋友分别的时刻，当我们即将毕业而为彼此真诚留言的时候，我们常常会想起，会写下这三行诗。因为这其中蕴含着朴实、炽热的情感。它勾起了我们无限美好的回忆，它寄托了彼此之间的信任与希望，流露出对朋友的安慰与不舍，如淙淙的泉水注入彼此的心田。

　　虽然诗人席慕蓉意于表现的是倾向于男女之间的有关爱情的感受，但单就第一节的三行诗来看，我们早已经把它作为所有真挚情感的表述。人们更多的是借它来表述友情。

　　诗中将"不再相见"与"分离"相区别，诗人认为两者是不一样的。"相见"是形式，是指身体的相见，而"分离"却隐含着情谊的结束，纵然是一生都不见面，但彼此的心中都有对方的身影，都挂念着对方，彼此的心是连在一起的。所以不通音讯也不是等于忘记。这平淡的文字下面饱含着无限的深情，流露出的是一种心与心相知的友谊。

　　这首优美的小诗带给我们的是悠长的眷恋和美的享受，在我们抒情的文章中引用它，会使我们的文章具有美感，我们在回忆、描述一场与朋友分别的场面时，引用这三行诗，会使作文平添上几分洒脱与豁达的文风。我们都有如此经验：我们有很多过去的朋友已疏于联系，但你不会忘记这个朋友，总会在某一个不经意的时刻想起，这就是现实对这首诗的最好的表现。

我结晶了

……

但中国的太阳距我太远，

我结晶了，透明且硬，

且无法自动还原。

余光中《我之固体化》

余光中的这首《我之固体化》给人的感觉是硬硬的，就好像诗中的每个字都长了棱角，一不小心就会擦破我们的心脏。在诗中诗人以"一块拒绝融化的冰"自喻，阐明了自己的思乡的浓重而又痛楚的情感。

我本来也是很液体的

也很爱流动，很容易沸腾

很爱玩虹的滑梯。

但中国的太阳距我太远，

我结晶了，透明且硬，

且无法自动还原。

本文所引的两节诗是该诗情感最为厚重的部分，也是最能表现全诗内容的部分，这两节又形成了强烈的对比。前一节诗中说明"我本来"的状态是"很液体的""也很爱流动""很容易沸腾""很爱玩虹的滑梯",点明了水流动、活泼的特性,也流露出了诗人从前具有的乐观的激情,开朗的本性。并且一连用四个副词"很"突出了其程度。而下一节中,"结晶""透明且硬""且无法自动还原"等表述,态度冷静,似乎是在客观的叙述水结晶的事实,给人的感受也是冰冷的,没有一点激情。前后两节阐明了水的两种状态,也是诗人的截然相反的两种不同的心境。其原因就在于"中国的太阳距我太远"。诗人离开祖国,漂泊在异国他乡,思乡的情感总是不断地涌起,日积月累的乡愁使诗人的性格发生了巨大的变化,与原来简直判若两人。这种思乡的情感是令人心痛的,是无法割舍的,更挥之不去。

但是诗人并未直接抒发这种深沉的情感,而是不露声色地叙述,细致地描写两种状态,这样就突出了两者对比的程度,在对比中展示自我内心强烈的情感,这种表现手法是含蓄的,又是感人至深的。我们在作文中,可以试着应用,如写一个同学考前考后的两种表现,由原来的摩拳擦掌、兴高采烈到后来的一声不吱,以两种状态传达内心情感的巨大变化。在作文中可通过主人公事件前后不同的表情、语言、动作来展示人物的心理状态,一般来说,可采取以第三人称描写的角度。这样可以使作者本身的情感有较大程度地节制,不去主观地表现自我的情感。只是通过人物自己展示,让读者自己去体味。

KEWAIYUWEN
YINGYONGXILIE

特殊角度的选取

火车车窗是最好的画框

……

火车车窗是最好的画框，

如果里面是春雨江南，

那就是世界上最好的画。

徐迟《江南（一）》

这首小诗是写诗人在雨中坐火车，透过雨水迷蒙的车窗，遐想春雨江南时节田野上如画的美景，抒发了诗人对江南原野特有的审美感受以及对其温馨的眷恋之情。

火车在雨下飞奔，

车窗上都是水珠，

模糊了窗外景色。

火车车窗是最好的画框，

如果里面是春雨江南，

那就是世界上最好的画。

江南特有的风土、景观、民俗、人情都是一片迷人的景色，一一道来写成一本诗集也不成问题。短小的一首诗的内容是无论如何包容不进去的，这就出了一道难题，不能不说，说了又要说好。于是聪明的诗人选取了一个特别的角度。放弃了对江南的整体把握与正面描写，而是选取了诗人乘坐的火车车窗这样的一个较小的角度。透过车窗去感受江南，品味江南，觉得火车车窗是"最好的画框"，画框里呈现的春雨江南就是"世界上最好的画"。这有两点好处：一、这就取得了将万里之势容于尺幅之内的艺术效果，避免直接面对大场面无法一一把握，或是面面俱到又无法突出重点的尴尬境地；二、为读者提供了驰骋想象的触动点。读者可以借此出发尽情展开想象和联想。这两点也正是我们可以借鉴这种选取角度的原因，我们要善于选取较小的角度去构思和创作，用小角度去展示大场景不失写作中的一道亮丽风景。

如在作文中描写热闹的街景，如果你走在街上，按照你的行走路线为顺序进行观察的话，视角会受到极大的限制，你只能描写你周围的人物和景物。但是如果你站在楼上从窗口向下看，那么，视角就会相当开阔，整个街景都可收入你的视野中，写什么不写什么的选择的余地会大得多。如美国作家菲里普·鲍诺斯的《桑树街的一年四季》中就是通过这个角度描写街景的："我起了床，把头伸出窗外。这个乐队的成员大多是些上了年纪或是中年的意大利人……他们身后小女孩子们穿着第一次参加圣餐式的白衫，男孩子穿着黑裤子白衬衫……后面是童子军。再后面是人们抬着的石膏制的圣像……"作者站在楼上，一个窗口便可以一览无余地展现全景。因而窗口成为我们捕捉优美景色，把握大场面的一个完美的角度。

太阳刚落

太阳刚落，
大人用恐怖的故事
把孩子卷进了被窝，
……

臧克家《村夜》

我们生活中的丰富多彩为我们的创作提供了充足的源泉，但是如何切入，如何操作却没有一定的规则。正如诗人臧克家在《学诗断想》中所提到的：生活像一棵大树，可以写它的枝干，可以写它的绿叶，可以写它的地下的盘根错节。写全景固然好，写它的一个侧影，以小见大，又何尝不好？《村夜》这首诗，正是从一个侧面切入，写了"生活大树"上的一片"叶子"，通过这片细小的叶子，我们仍然可以看见"叶子"背后的"生活的大树"。全诗如下：

太阳刚落，
大人用恐怖的故事
把孩子卷进了被窝，
（那个小心，正梦想着
外面朦胧的树影

和无边的明月）

再捻小了灯，

强撑住万斤的眼皮，

把心和耳朵连起，

机警的听狗的动静。

诗人没有去描述人民生活苦难的全貌，只选取了农村生活中夜晚"太阳刚落""把孩子卷进了被窝""捻小了灯""强撑住万斤眼皮""心和耳朵连起""听狗的动静"等几个细节，便生动逼真地烘托出备受战乱煎熬的农村，即使到了夜晚，人们也是大气都不敢出的紧张空气，觉都不敢睡，侧起耳朵倾听周围的动静，可见战争的灾难随时都可能降临。细节虽小，笔墨也少，却足以烘托出农村面临灾祸的令人窒息的气氛。其效果要比写灾难更让人回味、担心。读者完全可以凭借自己的想象去拓展思考的空间。

我们在写作文时往往会碰到类似的情景。比如说写暴风雨的猛烈，大多数的同学可能会直接描写暴风雨中的剧烈场景，大力地加以渲染。但是，越是细致入微地刻画就越有可能让文章失去生气与活力，就越减弱对读者的震撼力，这样一来反而会弄巧成拙。倒不如换个切入的角度，要写"暴风雨"的猛烈，那只写暴风雨之前的场景：天昏地暗，乌云翻滚，狂风怒吼，震耳欲聋……似乎要卷走一切的气势。或者写暴风雨之后的景色：碗口粗的柳树横卧在马路上，马路像用刷子刷过一样的光亮，终于可以从打开窗子的房子中传出说笑声……无论是写暴风雨之前还是之后，都要以透露暴风雨猛烈的气息为依据，切不可跑题，这样会使作文有想象的空间，耐人寻味。

迎上门来堆一脸感激

迎上门来堆一脸感激，
仿佛我的到来是太多的赐予；
探问旅途如顽童探问奇迹，
一双老红眼总充满疑惧……

袁可嘉《母亲》

母亲，历来是人们赞不绝口的不朽的形象，母亲的伟大，母爱的无私……母亲和母爱被抒写了几千几万次仍然书写不尽，母亲的身影始终在文人的笔下默默地闪光。同样，在"我最熟悉的人"这样的命题作文中，最经常出现的也是母亲。因而如何表现母亲性格，表现母爱是源远流长的话题：有人写母亲褪了色的蓝头巾，有人写母亲在儿子离家的前一天晚上细细密密地缝在他衣服上的针脚，也有人写母亲任劳任怨操劳的一生……世界上母亲成千上万，各有特点，但母亲对儿女的爱却是惊人的相同。在各种写母亲的文章中，袁可嘉先生写《母亲》似乎是异类，乍一读起来似乎让人的心情为之一酸，但一经仔细推敲研读，就会发现其间蕴含的无限的赞美的情感。

诗人大学刚一毕业，就回到了阔别八年的故乡，见到日夜思念的母亲。母亲已是五十多岁，她关切诗人在外的生活及旅途情况，就像顽童探问奇迹一样，老花眼中充满着疑惧。把老母比做顽童，似乎有点过分，其实不过是为了突出她那种万分关切，急于知道儿子的种种情况的焦急心态；而"一脸感激"，用侧面手法表现出母亲所代表的中国农村妇女的谦虚诚恳和质朴善良，在母亲的眼里，儿子大学毕业回来探亲，倒反而成了一种"恩宠"了。

"母亲"虽是个旧题材，但还是有很多人去写，其原因在于母爱的动人之处，都是写母亲，但每个人笔下的母亲又不一样，成功的关键就在于赋旧题以新意。我们写旧题材的作文时，也要注意这一点。例如写《我的母亲》《我的父亲》《我的老师》等传统老题目时，成功的关键在于寻找到一个新的角度，例如《我的老师》这一题目下，有人就围绕写"老师的眼睛会说话"展开记叙或议论，如此有新意的构思当然会更吸引读者，受到好评。

我故乡的风是绿色的

从青丝摇曳的垂柳那边，
轻轻吹来了淡绿色的风。
我故乡的风是绿色的，
我故乡的风是绿色的。

巴·布林贝赫《故乡的风》

在大多数人心目中，故乡的风未必就有可爱之处，也不一定值得赞美，但本诗的作者却独具慧眼，敏锐地发现了故乡的风的可人之处——"绿色的"。诗人重复地描述，可见其溢于言表的赞美之情。"绿色"，充满着生机和向上的活力，预示着旺盛、葱郁的生命。风都如此的可爱，那刮风的地方会怎么样，作者没有正面描写，但稍稍一想，就可以领会作者赞美风的意图就是在赞美故乡，赞美故乡的生机勃勃的景象。风在这首诗中不仅仅是自然的物象，更多的是饱含着深情厚谊的象征体。诗人通过风的变化，讴歌家乡面貌的巨变，抒写了对故乡的无比热爱之情。

诗人写风，把感情寄寓在风中，这是"曲笔"。但"曲"而不讳，读者只要稍加咀嚼、揣摩，就可体味到其中的内涵，这也是这首小诗的成功之处。

这首诗为我们写故乡提供了一个新角度，打破惯性思维，一提到写"故乡"的作文，同学们可能就会直抒胸臆，写类似"故乡，我爱你"，"故乡，无论走到哪里，我都不会忘记你"，"故乡，你总是一遍遍出现在我梦中"这样的句子，显示真挚、激烈的情感。现在，同样写故乡，你就变换一下思维，写"故乡的一条小河"，"故乡的四季"。有一句话叫"曲径通幽"，很可能你的作文就会让别人大吃一惊。如一位小作者写故乡的小河，"故乡有一条小河，那是一条极为普通的，不知名的小河。我不知小河的源头在何处，只记得河水清极了，清得一眼就可望到河底五颜六色、圆润光滑的鹅卵石……喔，在我的心中，故乡的小河是条最美的河"，小河虽然很普通但在作者心中是最美的，这种心理的产生正是源于作者对故乡无比热爱的情感。

金黄的声音

这不歇气儿的

金黄的声音，

在金黄的阳光里

金黄的土地上飘荡……

梅绍静《唢呐声声》

这是《唢呐声声》一诗的第一节，诗人梅绍静开篇四行诗中竟用了三个"金黄的"：第一个写声音，第二个写阳光，第三个写土地，造成强烈的"金黄色"的色彩效果。给人以不同凡响的视觉刺激。

其中，"金黄的阳光"与"金黄的土地"是一般人的生活经验中出现的，人们会想到"金黄的阳光"是刺眼的光亮，"金黄的土地"可能说明的是黄土地，在情感上有夸张和渲染的成分。也可能是秋收时，稻子、玉米成熟所具有的颜色覆盖着整片大地时的情景，不管作者指的是哪一种，都是读者在自己的生活经验中可以捕捉到的场景。但这一个"金黄的声音"听起来却似乎不合生活的逻辑，谁见过声音是金黄色的？但是我们想声音是从唢呐里面吹出来的，而唢呐的颜色是金黄的，那么我们就会明白作者为什么会说声音也是"金黄的"了。

由唢呐的金黄联想到声音是金黄色的，是这节诗的精妙处之一，更精彩处在于第一节诗中渲染的色彩效果出奇制胜。
"金黄"的反复出现给人视觉带来强大的冲击力，成为读这首
诗的画面底色：金黄的阳光照在金黄的土地上，从金黄的唢呐
中传出的声音也被染成金黄的了。金黄的色彩使我们大脑随之
兴奋。诗人以色彩突出内容从而调动我们的视觉感受，正是诗
人独树一帜的地方。在读这首诗时我们很难不被这种色彩感
染，这是因为在我们的感觉中每个人对色彩的刺激都很敏锐，
它要超过语言的感知力。这一点正是我们可以从该诗中学习和
借鉴的。在写景物文章中，我们可以像画画一样，先将画布设
计成一种背景色彩，用这种色彩或渲染或烘托所要描写的
景物。

这也就是我们在利用色彩的语言，每种颜色都能引起不同
的内心感受。色彩的感觉是人最基本、最普遍的美感。大自然
和生活本身所呈现的色彩和色彩变化，使人产生各种联想。

红色：热烈、喜悦、果敢、奋扬；

黄色：光辉、庄重、高贵、忠诚；

绿色：健康、活泼、生机、发展；

蓝色：幽静、深远、冷漠、忧郁；

白色：单调、朴素、坦率、纯洁；

彩色：杂驳、缭乱、绚丽、幻想。

所以，我们在写作中，自觉地去运用色彩表现景物的特征
也是一种极其生动的表现方式。

不敢入诗的/来入梦

> 不敢入诗的
>
> 来入梦
>
> 梦是一条丝
>
> 穿梭那
>
> 不可能的
>
> 相逢
>
> 琼红《梦》

这首小诗仅六行22个字，但所包含的思想和意义，不亚于一首长诗。

人的一生中，有很多事情不能向人倾诉，不便公开，哪怕诗是一种极为隐蔽的形式，也会有许多秘密不能够完全写出来。尤其是那些可能因道德、习俗、良心、传统思维制约而不能诉诸笔端的感情，却可以在梦中尽情地回味、勾勒和宣泄。因为梦是纯私人性的，是个人潜意识的外化，不受任何观念性的东西制约。梦也不受自然时空、人为鸿沟、生死轮回的阻隔，所以，诗人说："梦是一条丝/穿梭那/不可能的相逢"。

诗人设置了巨大的空白，其中可能隐含着一段不为人知的感情，也可能是一段感人至深的故事。这些都留给了读者自己去慢慢扩展，细细体味。

重要的是，诗人将不足为外人道的感情以梦的形式表达出来，虽然是空白，却足以引人思考，给人以美的感受。这表明，梦在写作中可以表达情感的隐蔽性，不仅如此，梦的场景还可以再现生活中曾发生过的事情，现实生活中无法变为现实的理想。朋友天各一方，相距万里，无法见面共叙，于是我们可以写梦中他们相见互诉衷肠；亲人离开了这个世界，生死之遥，为了突出生者与逝者情感之深，与追念之情，梦就成了最好的表现方式。梦在这个意义上来说，已跨越时空，为情感的抒发提供了特定的形式和理想的空间。所以有人写梦见屈原，梦见李白却也真实可信，突出表现对其崇拜与向往的感情。

就是那一只蟋蟀

就是那一只蟋蟀

钢翅响着拍着金风

一跳跳过海峡

从台北上空悄悄降落

……

流沙河《就是那一只蟋蟀》

蟋蟀虽然渺小也不美丽，却引起了世人的无穷无尽的联想。一只蟋蟀的叫声，在世人的想象当中，产生出奇异的心理感受。

就是那一只蟋蟀

钢翅响着拍着金风

一跳跳过海峡

从台北上空悄悄降落

降落在你的院子里

夜夜唱歌

就是那一只蟋蟀

在《豳风·七月》里唱过

在《唐风·蟋蟀》里唱过

在《古诗十九首》里唱过

在花木兰的织机旁唱过

在姜夔的词里唱过

劳人听过

思妇听过

　　穿越历史的时空，"跳过了海峡，跳到了台北"将两岸的不同场景连接在一起。那一声声蟋蟀的歌将两颗相通的心紧紧地联系到了一起。不仅如此，诗人还将历史上的不同的时间连接到一起。时空转回到了古代的田园和房舍里、一只体态轻盈的蟋蟀在诗中犹如一根无边的针线，将不同的时代、不同的场景缝补于同一节诗中。它的歌声为世世代代的中国人所倾听。这说明这种声音是穿越历史而来，在此蟋蟀已经不再单纯是动物的鸣叫声了，而是寄托了一种深沉久远的感情，这种感情超越了时间，超越了空间，并且是无法消散，甚至是荡气回肠般的悠远。

这首诗为我们拓展了新的抒情角度，即从一景或一物入手，打破时空，将不同的地点联系在一起，将不同的时间排列在一起，并以该景或该物为中心展开论述，从而抒发内心的某种感情。这种感情，通常又是人类所固有的一种普遍感情，在不同时期，不同地方的人都怀有的感情，如思乡，热爱祖国，怀念朋友，怀念童年等易引起群体共鸣的情感。

父亲挑起时间

父亲挑起时间　我们的家
蹒跚在七十岁的风雨
在飘满庄稼耕牛的田野
父亲捏紧旱烟和群牛

邹洪复《风雨中的父亲》

《风雨中的父亲》所吟咏的是一个坚强、沉默、朴实的父亲的形象。其中包含着丰富的诗意。父亲担负着养活全家的重任，七十多岁，仍然忙碌，而体力也日益衰弱。在田野，他依旧劳作，放牧着牛群。这恐怕是农村数千万的农民父亲的典型形象了。

诗中没有写父亲的语言，也没有写他的表情和相貌，而是描写了他的一系列动作："挑起""蹒跚""捏紧"等。"挑起"是说明父亲在生命的所有时间中都要为全家的生活而奔波，就像一担重重的货物压在父亲的肩上；"蹒跚"暗示着父亲风烛残年，已不如往昔那样矫健了；"捏紧"则说明父亲小心谨慎，唯恐有一点闪失。几个动词便深刻地展示了父亲的性格与疾苦。

动词在文章表达内容，传递情感过程中起着重要作用，大家对此不可忽视，选择恰当的动词会增强作文语句的表现力。如茅盾先生的《秋收》中有这样一段："眼睛一瞪，忽地跳了起来，但立刻像头顶碰到什么东西又软瘫在地下，嘴唇簌簌地抖了。"这"瞪""跳""瘫""抖"就是抓住写人物动作，生动地展现了老通宝这个人物的"惊喜交加"的心情。

还要补充一点的是，诗中的"挑起时间"，"捏紧旱烟和群牛"，按照常规的现代汉语语法来说，是不通的，但是作为诗的语言，我们更多体味文字后面的意境，所以，这一点大家不要简单生硬地去借鉴。

他将心硬成燧石

连太阳都黢黑如墨的时候

他将心硬成燧石

酷烈地撞击黑暗

直到生命粉碎成如血的火星

李末生《关于鲁迅·活着》

　　如何突出一个人的个性特征是表现人物性格的关键，而介绍一个大家都熟悉的伟人更是难以下手。鲁迅是中国伟大的文学家、思想家、革命家，具有多方面的性格特征，同时又为多数人熟悉，对于这样的人物，表现就更为困难。诗人李末生却紧扣住鲁迅性格中坚强刚毅、决不妥协的特征，刻画出一个勇敢地同黑暗势力抗争，燃烧生命，给人间带来光明的盗火者的形象，通过对这一形象的刻画与描绘，突出了鲁迅先生的伟大而光辉的性格特征。

　　诗一开篇就着力突出和渲染着那个时代的背景是"连太阳都黢黑如墨的时候"，太阳本来是光明火红的象征，此刻，竟变得如墨一般的黑了。可想而知，其他景物会是怎样的了。那个社会又是如何的污浊了。只这一句诗就可使读者展开纵横的联想，真是一语道破了鲁迅先生所生存的那个时代的黑暗的本质。全诗从这个黑暗的背景上生发开来，紧接着便浓墨重彩地推出了鲁迅先生光辉明亮的人格，"他将心硬成燧石"使得先生高大的形象异常突出。"酷烈地撞击黑暗/直到生命粉碎成如血的火星"表现了先生誓同旧势力作英勇不懈的斗争，生命不息，斗争不止，奉献不止的伟大精神。

　　诗人首先从背景入手，着重渲染人物存在的社会背景，继而推出与背景形成强烈反差的人物形象，突出人物的可贵品质和精神面貌，这种通过环境与人物对比的表现方式是刻画人物形象的常用的手法，在我们的作文中会经常用到，我们要细细体味。

我至死紧紧搂定
生我育我的泥土

柏枝，窸窣

有如絮语：

我至死紧紧搂定生我育我的泥土……

铁依甫江《柏树》

自古以来的文人墨客均以"岁寒然后知松柏之后凋也"来歌颂松柏的光明磊落、刚正不阿、不畏艰难的生命韧性和高贵品质。而诗人铁依甫江却另辟蹊径，从松柏与根下泥土的关系切入，创作出区别于众多同类题材的具有新意的作品。

在诗的开篇第一节中，诗人这样描述："我轻轻叩问柏树/你为何总能将幽香漫吐？/草木葳蕤的盛夏固然如是，/雪压风欺的严冬也青裙长曳，潇洒自如？"第二节两句诗回答"柏枝，窸窣/有如絮语：/我至死紧紧搂定生我育我的泥土……"诗人发掘这个意象质朴、坚强，同时具有潇洒的个性和浓郁的美的色彩，"青裙摇曳""幽香漫吐"。最后，诗人深深地理解和"领悟"了这种情怀。

"我至死紧紧搂定生我育我的泥土……"一句，我们从根对泥土的深厚情感角度来分析，可联想到人对家乡、对祖国的热爱之情。在战争年代，可引申到宁死捍卫家乡、祖国的土地，不允许入侵者踏入一步的慷慨誓言；在和平年代，则是那些对家乡、对祖国怀着深厚情感的海外游子由衷的感慨，他们以繁荣家乡经济，推动祖国进步为己任，鞠躬尽瘁，死而后已。

换一个角度来看：柏树之所以常青正是因为它"至死紧紧搂定生我育我的泥土"，正是这块泥土，给它提供了广阔的空间和肥沃的养料。这也可以作为"为什么要在家乡，自己的祖国，奋斗"的一条原因。在议论文中，可作为引出事实论证的过渡句，也可作为类比论证的一方。如：

对于一棵树而言，最重要的部分不是茂盛的叶子，也不是粗壮的枝干，而是那深埋在土里的根；对于每个人而言，生命中最重要的便是祖国这块土地，是要把自己的根深深地扎在祖国的土地上，这也是每个归来游子最为深切的体会，多少成功的人在谈起祖国时，对祖国的感激之情溢于言表，因为是祖国给他们提供了最深厚的基础。

为了肥沃那生我养我的土壤

——在没有冬天的地方，野草

你会枯亡吗？

——我将枯亡

为了肥沃那生我养我的土壤

范若丁《野草》

该句诗是野草对前一句诗"——在没有冬天的地方，野草/你会枯亡吗？"的回答。从古到今歌唱野草的诗章层出不穷，多是"野火烧不尽，春风吹又生"意义的演变，着力于赞美野草不屈不挠的顽强生命力。但诗人范若丁以问答形式展开野草对生命和爱的认识，可谓别开生面，写出了野草崭新的精神境界。全诗两节如下：

> ——在没有冬天的地方，野草
> 你会枯亡吗？
> ——我将枯亡
> 为了肥沃那生我养我的土壤
> ——在被火烧过的地方，野草
> 你会复生吗？
> ——我定复生
> 为了抚慰那眷我念我的母亲

平实的表述里，给读者以哲理的启迪。全诗打破了读者的传统思维，以往，我们都认为草的枯萎就是因为冬天的霜露寒风的作用。所以按照这样的逻辑，如果没有冬天了，野草一定不会枯亡了。但回答却出人意料："我将枯亡。"引起语义的直接转折。显示野草的豁达的心情和雍容大度的胸怀。野草从容的回答正是对"落红不是无情物，化作春泥更护花"的深刻理解。第二节中野草的回答把野草的复生提升到了另一高度：是为了报答大地母亲沉甸甸的爱！"饮水思源"的博大的爱，正是源于它对生命生生不息的热爱。

野草无论是心甘情愿地枯亡，还是顽强不屈地复生，都是为了使自己的生命与大地相连。野草不仅领悟了爱的真谛，同时也获得了永恒的生命。

在该诗新颖的立意的发掘中，野草具有了新的象征意义。我们可将这种新意与人物思想品质相联系，扩充我们作文的可引用材料。如写一个游子早年离开他贫困的家乡，在外奔波，尝尽了各种辛酸，他立志不成功便不回家，经过十几年的奋斗，终于成功了，他却毅然决然地将企业迁回到了家乡，从这个材料上，我们就可以挖掘出小草的象征意义，他离乡是爱他的家乡，他归乡也是爱他家乡的表现，正如小草的两种选择都是为了表达对大地深沉的爱。

壮士的前途不在昨夜

壮士的前途不在昨夜，在明晨

西奔是徒劳，奔回东方吧

既然是追不上了，就撞上

余光中《夸父》

"夸父逐日"的神话传说在中国几千年的文化中源远流长，经久不衰。我们敬仰他所代表的执着、坚毅的精神。然而，余光中先生却对此进行质疑。他以一个全新的角度去理解"夸父"和他的精神。

全诗开篇便以疑问句开头："为什么要苦苦的去挽救黄昏呢?"这句话本身表达出诗人强烈怀疑与不解的情感,他追问的不是夸父的解释,而是对夸父行为的价值的质疑。在诗人看来,这没有必要更没有价值。诗人在最后三行劝导夸父:"壮士的前途不在昨夜,在明晨/西奔是徒劳,奔向东方吧/既然是追不上了,就撞上",这也显示出诗人对人生的看法。

面对着一个古老的又极为人熟悉的材料,诗人推陈出新,找到了一个新的切入点。又再次说明写作是一种创造,要写那些别人没有发掘到的材料,而对于同一个材料,就要尽力地从新的角度切入。无疑台湾诗人余光中以他睿智的目光寻找到了"夸父"新的切入点。也许有很多人不愿意接受"夸父"精神的这种意义。但从创作实践来说,余光中先生的确显示出令人敬佩的智慧和成功的经验。我们现在作文的发展趋势就是彰显个性化视角,有很多命题作文是以打破传统思维习惯的角度切入,尤其是对传统的寓言或者精神的质疑,所以出现了《新论"愚公移山"》《不妨"买椟还珠"》《失败未必就是成功之母》《开卷真的有益吗?》这样的作文题目。这就要求我们从一个崭新的角度去看待它们的内涵。

而在内容上,该诗的"壮士的前途不在昨夜,在明晨"又具有深刻的哲理性,它告诫人们不必去顾惜逝去的风景,而应该面向未来去追求。这层含义又可与"过去留给死神,未来留给自己","如果错过太阳时你流了泪,那么你也要错过群星了"等相联系。

树有另一种美丽

> 今夜我忽然发现
>
> 树有另一种美丽
>
> 它为我撑起一面
>
> 蓝色纯丝的天空

杜运燮《夜》

在夜里，诗人站在树下仰望星空，最先映入眼帘的不是夜空，却是那棵再熟悉不过的树，诗人惊讶地发现"树有另一种美丽"，那就是"它为我撑起一面/蓝色纯丝的天空"。此时，在诗人的视野中呈现出的竟然是树支撑起了天空。这是不符合现实的。

之所以诗人会有如此美丽的发现，就在于"夜"的特定情境的作用。在黑夜中，有很多东西都因光线暗淡而看不清楚或看不见，空间的距离会一下子缩小。所以诗人仰望夜空时，会感觉到星月所在的天空仿佛就压在树梢上，两者之间存在的巨大空间被黑夜的特定背景给吞没了。这是一种视觉上的幻觉，却具有美的意义。

"夜"在文学创作中是个特殊情境，在该情境中，景物会变得和白天不一样，这包括视觉、感觉等各个方面，因而在我们作文中，我们可以设置在"夜"的特殊环境里，去描写景物，单刀直入地写夜色下的这个景物。

夜色可增加朦胧的韵味，例如一座大楼在夜色下异常高大，并且因灯光而会呈现出异常璀璨的美感，而在白天，远不会有这样的效果。另外，夜充满了静谧、安详的韵味，甚至还有一点神秘的色彩，在这种背景下写静，"'夜'会增强'静'的气氛；写动，与'夜'形成强烈的反差，更能突出动的效果，如静夜的蛙鸣，汽笛，便是抓住'夜'静的特点。

他们自自在在地
随风摇摆着

他们自自在在地随风摇摆着，

轻轻巧巧地互相安慰抚摸着，

各把肩上一片片的日光

相互推让移着。

刘廷陵《竹》

歌咏"竹"的诗人历来很多，大多写它的正直、挺拔、坚韧、不屈不挠，或写它的虚心、豁达，以此来抒发作者做人的志向与理想的高尚情操。无论采取哪个角度，都是要把竹子自身的个性特点突现出来：笔直、空心。诗人刘廷陵却找到一个新的角度，面对一片竹林，他尽情欣赏着大片竹子随风而动的场景，他发现的不是每棵竹子的挺拔和韧性，而是一片竹子相互之间传递的"自自在在""轻轻巧巧"。风吹动竹子，别人会写竹子与风猛烈的搏斗，而他却写"随风摇摆"的自在与随意。竹子之间间或的拥挤与碰撞，诗人认为那是在"互相安慰抚摸着"。透过竹林间的斑驳日光，在变动的竹与竹的缝隙间洒落，诗人认为这种情景是"竹子"各把肩上一片片的日光，"相互推让移着"，顿时，竹子与竹子之间的温馨亲密的情趣变得惹人注目，而风吹竹动、日影摇摇的景致也一览无余。

展现在读者面前的仿佛不是竹子，而是一群肩并肩，手拉手跳跃的小女孩。

诗人为我们提供的这种观赏竹子的新角度、新创意，展示了竹子的另一种美，区别于那种刚烈的"竹叶烧了，还有深埋在地下的竹根"的"井冈翠竹"的坚贞不屈和生命力旺盛的美。这两种美甚至是根本对立的，一弱一强，一柔一刚，都给人以无限的美的享受。因而，美不是固定不变的，在我们描写美的时候，不必拘泥于一种角度，一种方法。高山大海是美的，是一种宏大的美；而小草野花同样也构成了另外一种美的境界。

作文写作原则

我的心/是一张明镜

……
一会儿
又觉着我的心
是一张明镜，
宇宙的万星
在里面灿着

宗白华《夜》

在静静的夜空下，凝望着浩瀚的星群。每一颗你能看见的星都在闪闪发着光，都在展示着自我的风采。不知不觉间，自己也仿佛升腾为璀璨群星中的一颗了，呈现在茫茫的夜色中，融入了那恢宏的星流中。由于自己成为群星中的一颗，身心也就与万物得以融合了。精神刹那间得到了净化。没有任何污浊，清澈得如同明镜一般，整个星空都在心中留下了。这种感受就是宗白华先生在《夜》中所描绘的。全诗如下：

一时间
觉得我的微躯
是一颗小星，
莹然万星里

随着星流。
一会儿
又觉着我的心
是一张明镜，
宇宙的万星
在里面灿着。

　　事实上，宗先生在这里表达的是"万物即我""我即万物"而达到的"天人合一"的哲学思想。是他哲学思考的诗化。但从读者阅读阐释方向而言，似乎有另一层新义。诗人在凝望夜空时，内心的变化是按照这样的一个顺序：观望星空——把自己想象成群星中的一颗——心与星相通——星在心中，这个顺序正是我们在写景状物时的一种感受的过程。你写大海的汹涌，首先就必须全身心地融入大海的涛声中去聆听，去感受它，直到感受到你与大海没有距离，就像你已融入了大海中一样，只有你认真细致地去聆听大海的声音，才会听懂大海的语言和把握它的情感。这也就是我们日常说的形同身受。而当你真正能够描绘出大海的真实状态时，大海此刻已经收拢在你的心中了。这是就写景而论，写人也一样，要想成功地刻画一个人物的性格，作者必须能够与人物内心相沟通，能够直接或间接反映出人物的内心活动，能够把握住人物的性格发展轨迹。想人物所想，急人物所急，这样表现出来的景物才具有感染力，人物才生动真实，让读者觉得可信。这也是我们在写作过程中必不可少的心态。

它在到处生存着

它生存在燃着的烟卷上，

……

在一切有灵魂没有灵魂的东西上，

它在到处生存着，像我在这世界一样。

……

戴望舒《我的记忆》

……

它生存在燃着的烟卷上，

它生存在绘着百合花的笔杆上，

它生存在破旧的粉盒上，

它生存在颓垣的木莓上，

它生存在喝了一半的酒瓶上，

在撕碎的往日的诗稿上，在压干的花片上，

在凄暗的灯上，在平静的水上，

在一切有灵魂没有灵魂的东西上，

它在到处生存着，像我在这世界一样。

……

这是诗人在1927年大革命失败后的诗作中的一节，表现了他苦闷、寂寞的情怀。他希望从记忆中寻求精神上的慰藉，逃离现实的黑暗与苦闷，这是诗的本意。但是如果我们抛开诗作所处的背景，单单欣赏这一节，我们会惊奇地发现：它对我们作文方面有一定触动和启示，我们记忆随处都有，哪怕是日常生活中最不起眼的东西："燃着的烟卷""笔杆""粉盒""酒瓶"，甚至在"灯上""水上"，这些东西都曾闪进我们的记忆中来，不经意的时刻，我们都会被触动。记忆就像一间仓库，装满了我们生活中的景物和情感。而写作的素材正来源于我们现实的生活，你的记忆中有家门口的那棵碗口粗的大柳树吧，去描述一番吧；还有和你小时候一起玩的邻居家的姐姐，回忆一下她的样子和你们之间常做的游戏；你家卧室的那个猪八戒，你用了好多年的台灯……统统的这些都可以写出一篇好作文，记叙也好，说明也好，议论也好，都有可写之处。现在各类考试中作文题常常需要自拟题目，因而开阔的思路和捕捉事物特征的敏锐力就显得尤为重要。如果大家能够养成一个想了就记录下来的勤奋而敏锐的写作习惯，当你面对命题作文时，就不会感到束手无策了。通过培养这种写作习惯，我们练笔的机会越来越多，思路会越来越开阔，语言以及思想感情都会把握得越来越有分寸，练笔过程中还可以提高我们对日常事物的捕捉能力。

每一次它都安然
在浪尖上重新出现

> 遥远的海面上有一只小小的木船
>
> 在惊涛骇浪的颠簸中，急急地驶向海岸
>
> 壁陡的浪许多次把它吞没
>
> 但每一次它都又安然在浪尖上重新出现

孙静轩《致小船及其舵手》

　　这首小诗写得非常精彩，只用了短短的四句话便勾勒出一幅小木船在大海风浪中航行的画面。船是"小小"的木船，航行是"急急地"航行。辽阔的大海与小小的船，形成了一种强烈的反差和悬殊的对比。不仅如此，诗人又特别强调了"惊涛骇浪的颠簸""壁陡的浪许多次把它吞没"，极尽渲染之能事，而后话锋一转，描写小船"安然"地"重新出现"。于是，读者的脑海中会立刻定格出一幅画面：波涛汹涌的大海，一浪接着一浪翻涌，在苍茫辽阔起伏的海面上，一个小船乍然涌向一个浪的顶峰。这一刻，令人胆战心惊，不由得惊叹小船的顽强。

　　我们再回头看一下这首诗，就会发觉诗人写法上的一些独到之处。无疑，诗人重点突出的是"小船"，写大海只是作为"小船"的背景、烘托。让我们细读一下描写的词语：写大海有

"遥远的海面""惊涛骇浪""颠簸""壁陡的浪",并且前三句所写重点给人留下印象最深的也是大海,只有第四句主体才是小船,似乎作者的重点有失偏颇。因为按照我们学的作文知识的逻辑,重点应该详写,非重点的略写,详略得当,重点才会突出。这种想法没有错,详略的标准大多数同学以为是以字数多少而论。其实不然,这只是一个人们惯用的、最常见的路径。还有一种是"气势"。如上面诗中写的"小船",笔墨不多,却以强势显露,不以字数取胜,精练的文字犹如峻拔的山峰耸立在绵延起伏的语境中,绝对是一种极致的风景。

绿色的生命也有热血

风,把红叶
掷到脚跟前。
噢,
秋天!
绿色的生命也有热血,
经霜后我才发现

沙白《红叶》

沙白的诗,常以精练取胜,他诗中的语言常常节省到不能再节省的地步,我们所引的这首诗就是一个很好的例子。当然,诗人捕捉到的只是自然界中的一个精彩的瞬间,题材本来不大，无须浓墨挥写，但其中既有自然界的"风"和"红叶"，也有作为抒情主人公的"我"，诗中由彼及此，几易其位，弄得不好会显得啰唆的。而诗人出手不凡，一个 "风"字加上一个动词"掷"，写出了秋风劲吹、枝叶稀疏之状，展现出一幅简洁的秋色图。然后"噢，秋天"这一句，似乎作者此时才发现秋天来了，才注意到秋的动人之处，这在另一层面上也将这种感觉暗暗地传递给读者，让读者毫不费力地进入诗人所描写的特定情景中去，产生同感和共鸣。最后，诗人及时道出那种瞬间感受："绿色的生命也有热血。"全诗不过三十个字，却将感受传递得淋漓尽致，这很值得我们学习。

精练也好，节省语言也好，其本身并不是目的，重要的是在节省语言的同时充实诗的意蕴，这样才能打动读者。精练必须以表达内容的完美为基点，剔除掉所有远离中心的话语，让所有的语句聚集在中心，这样，要比洋洋洒洒几万字，却无单一中心强得多。要达到语言的精练就必须多读、多写，多体味，多思考。

手抓黄土我不放

手抓黄土我不放，
紧紧儿贴在心窝上。

贺敬之《回延安》

　　这是贺敬之1956年3月9日写于延安的一首诗。表达了"我"回延安的无限喜悦的心情和对延安热土的赞美之情。全诗采用"信天游"形式，语言舒缓流畅，朗朗上口。

　　这首诗不仅感情真挚、热烈，而且在行文过程中，词语的选择准确生动。如这一句"手抓黄土我不放，/紧紧儿贴在心窝上"中两个动词"抓"与"贴"极为传神。"抓"一词显示出诗人的心急，迫切，见到延安之后，连土都极为亲切，想把自己日夜对故乡的思念之情完全释放出来，所有的感情化为一个动作施于土地，也是施于延安，再没有另一个可以和"抓"相提并论的动词了。那种不顾一切的、忘乎所以的热情全在"抓"的瞬间迸发出来了。另一个动词"贴"也同样体现了这种感情，并且是"抓"这一个动作的进一步发展，诗人手里紧紧握着的泥土还不够，还要把它放到离心最近的地方，挨着不行，靠着也不行，要"贴"！没有一点距离，让它听一听心脏的跳动，对故乡的呼唤。

　　我们可以从这句诗中得到启示：选择恰当的词语对于文章内容有很强的表现力。正如福楼拜对莫泊桑所说的：无论你所要讲什么，真正能够表现它的句子只有一句，真正适用的动词和形容词也只有一个，就是那最准确的一句、最准确的一个动词和形容词。其类似的却很多，而你必须把这唯一的句子、唯一的动词、唯一的形容词找出来。

　　因而，词语的锤炼对作文的作用不可忽视，在作文中，我们不仅要注意粗枝大叶的立意、构思，还要注意像词语的选择这样的细枝末节，尤其是动词的恰当选用，会使文章表现力度增强。如鲁迅《药》中的一段："那人便焦急起来，嚷道，'怕什么？怎么不拿！'老栓还踌躇着；黑的人便抢过灯笼，一把扯下纸罩，裹了馒头，塞与老栓；一手抓过洋钱，捏一捏，转身去了。嘴里哼着说，'这老东西……'"

这一段中动词"嚷"显示出"黑的人"急不可耐的心理，"抢""扯""裹""塞"则表明他极为粗鲁，急切想送出血馒头拿到钱的迫切心理，不管三七二十一的"抓"的动作，又把老栓被动的不知所措的神态清晰地描绘出来了。"捏一捏"则显示出"黑的人"粗中有细，担心钱是假的经验性的习惯动作和心理。从这个例子我们可以再次感受到恰当的动词对于表现文章中心与人物心理的生动表现力和深刻的揭示力。

我们干脆赌一座山

> 反正、反正
>
> 我们什么都没有
>
> 我们干脆赌一座山

陈惠芳《玩赌》

诗人以"玩赌"的生活场景展示了天真活泼的童趣。这是一群生活在山中的小牧童在放牧过程中互相打赌的情景。诗人在一开头即抓住了孩子的语言，"反正、反正/我们什么都没有"一下子就把孩子稚气十足、互不服输的劲头呈现出来了。

"我们干脆赌一座山"更充满了孩子般的大胆与率真。抓住孩子的口气反映童趣，体现了诗人把握语言的高超技巧。同时也说明人物语言的重要性。

作文中，要注意选择符合不同人物身份的语言，语言可以反映不同年龄、不同层次的差别，同时，语言能够直接反映该人物的性格特征。

孩子的语言，率真，直接，大胆，充满童趣；而成人的语言则稳重，得体；老人的语言更富有哲理性。当然不同的心情，不同情况下，同年龄的人语言也有所不同，但三者之间不能互换，小孩子的话听起来好像是老者的话那样充满哲理的味道，我们会觉得小孩子不真实，甚至令人无法接受。反过来，老人说小孩的话，会让读者哭笑不得。

俗语说"童言无忌"，小孩的语言没有选择，往往是想什么，说什么，但在作文中我们要提炼最具表现性的语言，如诗中的例子："反正、反正，干脆"就是孩子语言中最具表现力的。抓住不同人物的语言特征对于表现人物的性格，突出中心都具有重要的作用。这需要我们在日常生活中的细致观察和积累。

生活之源一旦枯竭

> 经不起海浪的颠簸，
>
> 流落到沙滩上停泊。

生活之源一旦枯竭，

方感到腹中如此浅薄。

郑定友《贝壳》

这首诗开头一节就显示出诗人不落窠臼的立意，一反赞美的老调，以批评的口吻来写海里的贝壳。新的角度使该诗获得了艺术上的成功。

这一点对我们作文的启发意义在于：写平常景物或人们极为熟悉的景物要努力发掘新的角度。而新的角度有赖于作者的敏锐思考和洞察力以及日常积累的观察经验。

该诗因角度的不同，反映的内容也就与其他诗有所不同。在诗人看来，贝壳之所以会呈现在人们的眼前，是因为"经不起海浪的颠簸才流落到沙滩上停泊"，贝壳难以承受生活中存在的困难，才躲到沙滩上来避风浪。所以贝壳代表了逃避的人生观。那些经不起生活磨难的人不就是诗人笔下的贝壳吗？

"生活之源一旦枯竭，/方感到腹中如此浅薄"，从这两句中，我们又可以发掘新的主题。

对于作家来说，要想创作出好的作品，就必须深入生活，而一旦脱离生活，再伟大的作家也会如贝壳离开大海一样失去光彩。强调生活的重要性。

对于个人而言，集体是一种生活环境，与个人相对又包含着个人，个人发展难以脱离集体。一旦脱离集体，个人的发展就会受到威胁，就会空虚，无所依托。

以上三个主题是我们从内容入手挖掘出来的，也是引用这首诗的主要切入点。

游子望着月亮

游子望着月亮，觉得像妈妈；

诗人望着月亮，觉得像图画；

盗贼望着月亮，觉得像警察。

马晋乾《小叶集》

对于同一个月亮，不同的人会有着不同的感受。思乡游子看到月亮安详的神情，他会觉得月亮就像家乡妈妈的脸；而诗人充满了美的感悟力，他觉得月亮展示出了人间的美景，正如一幅图画；而在夜间行窃的盗贼，唯恐在光亮中被人发现，当他抬头看见月亮正照在他身上时，他觉得此刻的月光犹如警察的眼睛，令他不寒而栗。为什么会这样呢？这其实是一种有趣的文学现象。

在对景物的感悟过程中，人都是带有主观情感的，包括喜怒哀乐、思念、担心等复杂的情感。不仅如此，人各自的特殊经历，职业习惯规定着他们不同的思考方式，如面对一棵树，植物学家会研究它的生长特性，木匠会考虑它的用途，画家则要思考如何用画笔去展现它的茂盛、它的美。所以，在作文中，不同的人物对同一事物也会有不同的感受，往往表现出不同的心理活动，不同的神情，不同的动作和不同的语言。这些便是人物的个性特征。这也是我们在写人物时要突出的重点。

就像在这首小诗中，我们不可能将三个人调换位置，说"盗贼望着月亮，觉得像图画"，那样，他不被抓才怪呢！或者说"游子望着月亮，觉得像警察"，那样的话，读者觉得他一定是个逃犯！这样只会曲解文章的原意，丝毫表现不出作者的本意，更无法去展示景物的特点。如果在作文中想完美地表现景物就可以从不同人物视角出发。

奇特的想象

烦恼是一条长蛇

烦恼是一条长蛇。

我走路时看见他的尾巴，

割草时看见了他红色黑斑的腰部，

……

徐玉诺《跟随者》

如果在没有任何铺垫的情况下，一个人对你说的第一句话就是"烦恼是一条长蛇"，你会想到什么？很突兀，有点不知所措吧。然后呢？可能紧接着在你的脑海中会浮现出"蛇"的形象以及由此而引发的关于蛇的颜色、形状等方面的各种感受吧。

对你说这句话的人就是诗人徐玉诺。他的诗强烈地显示出"为人生"的创作意图。他喜欢用奇特的意象营造一种怪异的感受，当时被人戏谑地称为"魔鬼派"。在《跟随者》中诗人就以奇特的笔法展现主题，诗人一开门就说"烦恼是一条长蛇"奇特地替"烦恼"找到了对应物。蛇的外表及其属性与烦恼之间并不具有某种共同的地方。但诗人却出人意料地将两者联系在一起。烦恼是人人都经历过的，似乎是非常熟悉的，而切实地把所有关于烦恼的感受都清楚地表达出来却不那么容易。因为烦恼毕竟是一个抽象的概念。而蛇作为一个具体的东西，其形象却可以引发人们的恐怖、蠕动、冰凉、扭曲、孤单、滑溜溜的感受，一旦被蛇缠住，无论你跑得多么快，它都会循着你的脚步紧追不舍。这是蛇，这不也正是烦恼给每个人的感受吗？

我们写作文时，也应该借鉴这种将抽象事物赋予形象的手法。如我们常说，生活是一团麻，形象传神。也有人说是"网"。他们都是在寻找现实可见可感的事物来展示生活的一种内涵。让读者从这种熟悉而丰满的形象中去体味原本无具体意义的生活。诚然，这里就修辞手法而言是比喻中的暗喻。但其新奇之处却不仅在于此，甚至没有人会去注意这种修辞手法，人们更注重的是"是"两端的一个抽象、一个具体的对比和联系以及所引起的联想尤其是后者的联想。所以对于我们而言，找到一个恰当的生活事物来呈现是最重要的。

敦煌的早晨

在敦煌，
风沙很早就醒了，
像群蛇贴紧地面，
一边滑动，一边嘶叫。
……

李瑛《敦煌的早晨》

　　这首诗是写20世纪60年代初期敦煌治沙造林创造美好家园的场景。诗人对湿润、葱绿的明天的早晨充满了希望和憧憬。其开头一节描写当时的敦煌早晨的情景，颇为精彩。首先把早晨刮起风沙的场景描绘成风沙"很早就醒了"，用拟人的手法让人产生不断的联想：小孩子早晨早早醒来，就会大哭不止；邻居家的大黄狗早上会拽着粗粗的链子挣来挣去；集体宿舍的学生早上起来，顿时叽叽喳喳地热闹起来，任是谁都无法睡个懒觉……现在，是"风沙很早就醒了"，会怎么样呢？接着，诗人没有正面写风沙的肆虐、昏天暗地，而是借用生动的比喻，将风沙移动的情境比喻成"贴紧地面"的"群蛇"，采用明喻的手法，这个比喻用得精彩至极，既绘声绘色地描述出风沙像群蛇正在贴地爬行的情景，又用生动活泼的形象提出一个触目惊心的预示：风沙不治理，就会变成群蛇从早晨就开始张开血口嘶叫着、蠕动着，总有一天会将万亩良田、万户家园吞噬掉的，引起人们极大的警觉：治理风沙刻不容缓。

　　比喻的手法在我们作文中是随处可见的，用比喻来描写，形象生动；用比喻来论证，透彻有力。但比喻的运用要注意选取贴切的喻体，不仅要形似，还要神似。如鲁迅先生把刽子手的"眼光"比做"两把刀"就是一个十分贴切的比喻："一个浑身黑色的人，站在老栓面前，眼光正像两把刀，刺得老栓缩小了一半。"（鲁迅《呐喊·药》）

泉水从箫孔里流出

高山上，

泉水穿入一支巨大的横箫的体内，

从箫孔里，

流出

叶维廉《箫孔里的流泉》

　　这首诗表达的是诗人面对大自然的"晨景图"时的喜悦之情和对大自然的天然之美的挚爱。在整首诗中最精彩之处，莫过于将高山流泉说成是从"一支巨大的横箫"的"箫孔"里流出，真是奇思妙想。一个比喻便引起读者无限的遐想，我们仿佛看到，那漫山的清清涧水，悠悠溪水，粼粼泉水，伴着或浓或浅的山岚翠微，融合在一起，正汇入一支巨箫，横箫试吹，那吹箫人便是大自然！诗人把大自然的灵气都清晰地展示了出来。这句诗的妙处还在于通感的巧妙运用。按照常理，横箫吹乐，响起的应该是箫声，诗人却将"响"换成"流"，一字之变，将与"响"对应的听觉转为与"流"相应的视觉，并且"流"所作用的正是"泉水"这个本体。

　　瞬间感受的成功捕捉是要费一番功夫的，也是稍纵即逝的。诗人通过自己的审美体验凝练出的绝妙诗句，我们细细拜读之后，可牢记于心，当我们面对相似的情景时，就可以脱口而出，那一刻，你抒发的就是你的心声、你的创造，或许在此基础上你又创造出一个更加精彩的佳句。当你观赏大自然的山间泉水汩汩流淌时，不妨反复吟上几遍这首诗，同样会激起你写作的欲望。

水稻之歌

……

回头看看住在隔壁的大白菜，

肥肥胖胖相偎相依，一家人好梦正甜

……

罗青《水稻之歌》

不怪余光中先生称赞罗青是一个"肯想、能想、想得妙、想得美的诗人"，他的确是想象力奇异、丰富至极，只看《水稻之歌》这一句"回头看看住在隔壁的大白菜，/肥肥胖胖相偎相依，一家人好梦正甜"就足以把人的心说得舒服到了容不了其他的、要一门心思地欣赏这肥嘟嘟的大白菜的地步。他们温馨地拥在一起，徜徉在甜美的梦中。可以想象，梦中也该有他们相偎相依的身影吧。那憨态怎能不让人驻足？不让人倾心？这种憨态不是美丽，也不算精致，却是自我的任意流露，是一种纯朴，一种惹人喜爱，招人夸奖的挑逗。在诗中，独具慧眼，道破天机的是那个"早晨一醒，就察觉满脸尽是露水/颗颗晶莹透明，粒粒清凉爽身"的"水稻"！"水稻"眼中的"大白菜"都如此可爱。反过来，"住在隔壁"的"水稻"又怎能平淡无奇？在这里是采用的一种拟人的手法，不仅把人的形态、动作赋予了描写的事物，而且还将人的感觉活用到事物身上，真可谓独具匠心。

生活中有很多景象都那么美，但是一般人或者习以为常，或者发觉了却难以言传描绘，诗人罗青的成功之处就在于发现了美，传达了美，而这传达又需形象、生动，独具特色。我们要想写出优秀的作文，就是要敏锐地发现美，有效地传达美。想要发现美，就得观察细致入微，注意生活全部，就连细枝末节也别放过。一片落叶也可能引发你情感的波动，一滴露珠也能承载你全部的思绪。发现美之后还要把它按照一种独特的方式顺畅贴切地传达出来。别人的方法你可以借鉴，同时还要善于开拓不同于别人的方式，这两步都不是一触即发的，是长期积累、提炼、沉淀的结果，所以我们一定要做生活中的"有心人"。

信息像葡萄秧覆盖在天穹

……

信息像葡萄秧覆盖在天穹，

越来越多的酱果把阻扼变为联系。

我知道。并为了屋檐上白色鸽子，

一座城市或一个诗人都不是一粒珍珠

可以闭锁在贝壳，孤独地孕育。

张学梦《绿灯》

　　一首诗的意蕴随着时代的变迁，可能会消退一些旧有的意义，但同时也会增加新的时代内容。这对我们作文积累素材有很大好处。如张学梦这一首《绿灯》就是在面对世界上每天都在发生的战争、流血和暴力，同时也有鲜花、友谊和笑声的这种现状，通过揭露引起战争的邪恶，赞颂热爱和平的"善良"，来阐明一个道理：以善制恶。而结尾一段中的"以理解沟通延续和平"，今天看来，却不单纯具有扬善抑恶的说理价值。现代社会的信息沟通日益频繁，每一个人、每一个城市、每一个国家都处于共享信息的时代，就像广告中的一句话说的一样"沟通无限"。要想在这样的社会中存在，"一座城市或一个诗人都不是一颗珍珠/可以闭锁在贝壳里，孤独地孕育"。以此看来，这一节诗充满了现代气息，我们可以在关于"信息社会加强交流"题目的文章中引用，也可以在"独立不等于孤立"的议论文中引用。

　　当然，诗人当初未必就有这样的想法，甚至是一定没有。事实上，读诗，同时也是每个读者在创造诗歌，从中挖掘出更广阔的空间，赋予它更深的意蕴。我们可以在构思作文的过程中，将更多的含义引申到文章的思想内涵中。

一枝带雨的桃花

一枝带雨的桃花
筑起了两个爱的巢穴

廖泽川《笑涡》

这一句诗是诗人用来形容孩子微笑时绽开的小酒窝的，其中倾注了父母无限的爱意。全诗如下：

一枝带雨的桃花
筑起了两个爱的巢穴
父母的心
好比两只鸟
飞来
甜甜地栖在里面
醉了

小诗将孩子的酒窝的可爱之处描绘得生动活泼。亲吻这甜甜的酒窝，是所有父母倾注舐犊之情和享受天伦之乐的最普遍的方式。诗人抓住了这一细节来传达真实、细腻、甜美的亲情感受，是最具生活真实性的。"桃花"比喻孩子娇嫩的面容，富有生命的颜色，给人朝气蓬勃的感受，"带雨"更显出其水灵灵的娇嫩、透澈。引人怜爱。"酒窝"在如此娇好的面容上，就像两个"爱的巢穴"，供"鸟"栖息。这"鸟"就是父母的爱心。诗人将"酒窝"转换为"爱的巢穴"，将父母的"心"比做"两只鸟"，它们栖在这个特别的巢穴里面。这样，就把父母的爱心与亲吻的动作幻化成具有诗情画意的形象，不仅令父母感到甜甜地醉了，孩子也必然会沉醉于这甜甜的吻中了。全诗充满了无限甜美的韵味和气息。

诗中的比喻极为传神，构思也十分精巧，虽然这很难模仿，但细细地品味这精美的语句，对于我们美感的培养是很有帮助的。我们可以将它运用到我们的描写中，如写夏日的广场上，一对年轻的父母领着他们孩子在嬉戏、玩耍。孩子的一个可爱的表情和滑稽的动作逗得父母哈哈大笑，紧接着俯身亲吻着小孩，"那一刻，孩子的脸就如带雨的桃花，腮边的酒窝犹如两个可爱的巢穴，父母就像两只鸟飞来，甜甜地栖在里面醉了一般不愿出来。"这一段就是间接引用诗的内容，给人以美的感受。

一封信/是一间小小的屋

一封信
是一间小小的屋
我就在这屋里
充满温情地生活

彭俐辉《在一封信里生活》

　　你是否注意过自己读信时的感受，或者别人静静地看信时的表情？这信可能是父母的家书，也可能是远在他乡的朋友的问候。诗人将信比喻成"一间小小的屋"，那么读信就成了"在屋里""充满温情地生活"，一语道出人们读信时的那种熟悉的感觉：温馨、亲切，使人心灵得以放松和慰藉。诗人的想法奇特，传达的情感却使人倍感亲切。这种温情，包含范围极广，可以是母亲来自故乡的不断的叮咛和嘘寒问暖，也可以是朋友间的"海内存知己，天涯若比邻"的心灵上的倾诉与沟通，还可以是一位往昔的老师寄来的催你进步的谆谆教导……无论哪一种，都是一种情感上的传递，都会营造出令人身心温暖的情感氛围。都是"充满温情地生活"。

　　也正是因为读信有如此温馨的感觉，这节诗才更会引起人的强烈共鸣，如果有一个作文题目是《读×××的信》，我们就可以设定一个情感背景，引用这节诗，或者依靠自己的表述再现甚至强化这种感受，从而来突出所要表达的情感。"那天，我第一次收到妈妈的家书，一看见信封上的地址，我就激动不已，当我小心地撕开信封，展开信，我仿佛看到妈妈那亲切的面容，听到她温柔的叮咛，仿佛感到妈妈的手在抚摸着我的头……如今，已经好多年过去了，但那种情景仍是难以忘怀。正如一首小诗中写的一样 '一封信/是一间小小的屋/我就在这屋里/充满温情地生活'。"

欢乐是什么颜色?

告诉我，欢乐是什么颜色？

像白鸽的羽翅，鹦鹉的红嘴？

欢乐是什么声音？像一声芦笛？

还是从簌簌的松声到潺潺的流水？

何其芳《欢乐》

　　"欢乐是什么颜色？"一句话问得人猝不及防，谁见过欢乐的颜色？欢乐没有颜色吗？继而，诗人又问"像白鸽的羽翅""鹦鹉的红嘴"？一个洁白如雪，一个艳丽火红，都给人明亮、清晰的感受。诗人又觉得欢乐可能带声音，是清脆的芦笛？簌簌的松声？还是潺潺的流水？在我们日常生活中，欢乐是一种抽象事物，没有形状，没有色彩，也没有声音。而诗人却不断地追问欢乐的色彩和声音，并同我们较为熟悉的事物来比较，希望从中找到相同的地方。我们可以理解为诗人对欢乐一无所知，所有的色彩与声音都是诗人根据他自己的生活经验猜测出来的，而这正是诗人想传达的情感。诗人把"欢乐"看作是一件具体的物品，希望能够询问到它的各种物理性质。这是一种近乎荒谬的行为。可见诗人从来就没得到过快乐。诗人越是追问，越是将美好的事物赋予它，就越会强化背后的辛酸。人们不但不会觉得荒唐，反而会深切地体味到诗人内在的悲苦的思想感情。

这颇有点"盲人摸象"的意味，只不过语气不那么肯定罢了。我们可以将这种表现方法暂称为"盲人摸象"法，即对大家较为熟悉的事物做出虚假的推测，这样会引起事实与结论之间的巨大反差，从而表达出相应的主题。这种手法表现的主题范围极广，可以是思想方面的，也可以是情感方面的。大家可以试着在作文中应用。但有一点要注意，这和想象是不同的，想象是有一定现实根据的，想象的结果可能是接近真实情况的，但本文阐述的情况却意在强调强烈差距，突出巨大反差，以此表现作者内在的情感主题。

人活着/像航海

人活着，

像航海。

你的恨，你的风暴。

你的爱，你的云彩。

绿原《航海》

我们很早的时候就听过"生活就像在大海中航行"或相类似把"人的一生"比做"一次航行"的比喻，见过了多次，就不觉得新鲜了。诗人在《航海》一诗开头写道："人活着，/像航海"，虽感情深沉，但内容的表现上却无新意。如果诗人再泛泛地重复一下两者相同的原因的话，那么该诗就难入大家的眼了。而事实上，诗在后面发生了转折，诗人能够在旧有的比喻上阐发自己独特而新颖的见解。"你的恨，你的风暴""你的爱，你的云彩"一下子便打破了人们习惯的想法：生活犹如航行，有波涛汹涌，也有风平浪静，我们必须敢于同风暴做斗争，克服重重困难，才能达到胜利的彼岸。诗人并没有赘述这些。而是将生活中的"爱"与"恨"比做航行中的"云彩"与"风暴"，将两者赋予了美感，同时表现出诗人独到而深刻的见解。

在大海中，有时波涛翻滚，有时又万顷如碧，有时风平浪静，有时又浪涌滔天。"风暴"与"云彩"是相反情况下的突出的两种景物。在生活中，人们有不同的情感表现，最突出的便是爱与恨这两种情感。诗人抓住航行与生活中的两组典型事物再次作以比较和形成比喻，既新颖又符合前面的逻辑性。使"人活着，像航海"这个平常的比喻，显示出了新的立意。所以，它们对我们作文的启示就在于：不必回避平常的题材，平常的表现手法，哪怕就是一个细小的修辞手段，其中也具有广阔的空间可供我们挖掘。只要我们细致认真地去琢磨、去思考，就一定能找到新颖的立意。写作是创造，但创造不是凭空的，必须源于大量的已有的材料，所以我们可以把写作的创造看作是一种对旧有事物与意义的深层挖掘。

参考文献

［1］公木．新诗鉴赏辞典［M］．上海：上海辞书出版社，1991.

［2］周金声．中国新诗诗艺品鉴［M］．武汉：湖北教育出版社，1999.

［3］刘登翰．台湾现代诗选［M］．沈阳：春风文艺出版社，1987.

［4］未凡．当代新诗选［M］．沈阳：沈阳出版社，1992.

［5］顾振彪，陶伯英．初中生文笔精华［M］．长春：吉林人民出版社，2001.

［6］王学礼，阎述兰．中学生分类议论文大全［M］．海口：海南出版社，2002.

［7］高俊卿．对人生的最初思考——中学生议论文［M］．沈阳：辽宁教育出版社，2002.